言語学者が語る漢字文明論

田中克彦

JN242910

講談社学術文庫

学術文庫版のためのまえがき

『漢字が日本語をほろぼす』が二〇一一年に角川SSC新書で出てから六年たった。この六年は長かったような気がする。ますます強くなってくる漢字の勢いにあわせて、ニセ・エリートどもが、さらにできそこないの漢語をふりまわすようになったからだ。漢字の多用はいまや文化の問題にとどまらず、政治問題の様相すら帯びるに至っている。

もともと日本には、漢字の悪口を言ってはいけないという伝統がある。いなそれどころか、漢字を悪く言うやつは文化の破壊者だとさえ思ってしまう。この伝統は長い間にこの国の文化にがっちりと根をおろしてしまった。しかし、これも、柳田國男によると、明治にはじまったにすぎないもののようだ。明治は、「維新」と呼ばれ、人々はこれを、「ごいっしん」と敬語にして読み、「天皇がおやりになる大改革」と考えていたらしい。この「大改革」は、これまで使われたふだんの日本語に漢字のころもをかぶせて、何が何でも、漢字でつき進もうという変革だった。

これによって日本語は息がとめられてしまいそうな状態になった。各地が育てた方言をつぶして、日本語を一つにする上で漢字が果たした役割は多大であった。

ぼくが育った戦後は、このことに人々は気づいていた。だから、漢字はなるべくすくなくして、だれでも知っているひらがなで読み書きしようという気風に満ち満ちていた。漢字をやめればそれですむというものでもない。いろいろと、ことばの工夫をしなければならない。その努力は、ことばを使いながら、自分が何を言っているかを根本にまで深くさかのぼって考える習慣をつけた。この風習が絶頂であったのは、だいたい一九七〇年代のはじめ頃まであったと思う。

それ以後、だんだん風向きが変わってきた。それは政治が次第に逆もどりする流れと一致しており、あまりめんどうな説明をすることを避けて、漢字を並べ、聞き手に考える余裕を与えず言いきってしまう道をとった。選挙民の意見を聞かず、自分たちの「思いどおりやってしまう」ことを「粛々と」進めるなどと言いはじめた。「粛々と」とは、詩吟で「鞭声粛々、夜河を過《わた》る」という句で聞いたことがあるが、この「粛々」とは「馬にピシピシと鞭を当てる」、その「ピシピシ」というオトを表すらしい。だが、ここでは、物事を行うとき、「慎重に、身をひきしめて」という意味であるという（藤堂明保他編『漢字源』学習研究社　初版一九八八）。ところが議員たちは、人が何を言おうとかまわずにさっさと、「大急ぎで」という意味で使っているとしか思えない。とても「慎重に、身をひきしめて」などではない。

あっという間に、教科書などには一度も現れないソンタク（忖度）だのタンポ（担保）するだのが現れた。タンポはふつうは「抵当」という意味らしいが、それに「する」をつけて動詞に用いるのは新しい用法であろう。これらは、ぼくが生まれてから八十三歳になるまで一度も使ったことのない、異様な漢字語である。こういう漢字語を使えばその人に学問があるように思わせ、また専門的知識があるらしく聞こえるかもしれないが、決してそうではない。漢字はときに、このように、何か、人をだまし、はぐらかそうとするときに用いられる腹黒い手段になってしまった。

学校は学校で子どもにせっせと漢字を注ぎ込む。こうしておけば、子どもに自由に考えるひまを与えず、悪い思想に染まらないと学校は考えているらしい。

昔、清朝と言われていた頃の中国の官僚試験「科挙」では数万にものぼる漢字を使いわけて、「学力」を誇り、いきがっている間に、日本にやられて、台湾をとられてしまったではないか。

そこで魯迅は「漢字が滅びなければ中国が滅びる」と言ったのである。……しかしいまは漢字が何万あってもこわくない、コンピューターが書いてくれるからという人がいる。しかしキカイの助けがなければ書けないことばなんて、あまりにみじめじゃないか。ことばは人間のカラダから出て、それだけで自立している。ことばこそは、人間の自由の最後のとりでなんだ。キカイがなければ書けないことばなんてものは、キカイの助けがないと出ないウンコのようなものじゃないか……と悪口はこのへんでとどめておこう。

こんな時代に、講談社学術文庫担当の林辺光慶さんが、この本を文庫の一冊にくわえたいと申し出られた。何という、勇気のあるくわだてであろう。感謝のきわみと言うほかない。それに反対するどんな理由があろうか。

ただ、『漢字が日本語をほろぼす』という題名はちょっと過激にひびき、かえって心ある読者をしりぞけてしまうおそれがある。ここはより理性的に『言語学者が語る漢字文明論』にしてはどうかとの提案がなされた。私もこの六年間の状況を眺めながらそれもそうだと思い、同意したのである。私が本書でうったえたかった真意が、より多くの読者にむかえられ、日本語への考察がいっそう深まるよう願うものである。

二〇一七年初夏

田中克彦

はじめに

一九六四年、私ははじめての海外留学として、当時は西ドイツだったボンの大学に学んだ。中央アジア言語文化研究所で、二年間モンゴル研究を行うかたわら、言語学、スラヴ語学なども学んだ。

私たちの教室と隣りあったところに日本学の研究室があったので、そこの主任教授のツァヘルト先生とは、ほとんど毎日のように会った。先生は朝八時からの授業をはじめる前に市のプールでひと泳ぎしてやってくるせいか、ゆでだこのようにまっかな顔をしていた。しかし、いつもそうだから、あれが地の色だったかもしれない。

先生の話はいつも同じだった。「田中先生、日本語はひどいことばです。こんなに文字がめちゃくちゃで無秩序なことばは世界にありません」と。その言いかたは、まるで私に罪があるかのように、責めるような言いかただった。はじめのうちは、はあはあとかしこまって聞いていたが、度重なると、じゃあ、なんで、そんな、めんどうでやっかいなことばを専門にしたんですかと言いたくなるのだった。

先生の専門は宣命《せんみょう》だと聞いていた。宣命とは、天皇の勅命を宣（の）べた文書などのことで、まだかな文字が現れていなかった八世紀のことだから、全文が漢字で書かれていた。しかし大きく書かれた漢字に続けて、日本語の送りがなにあたる部分が漢字のオトを利用して、右側に寄せて、小さな漢字で書いてあった。つまり、日本語が漢文のわくを破って独立して行く一歩を示す重大なできごとで、日本語史の上で「宣命書き」と呼ばれている。

ではなぜ送りがなをつける必要が起きたのか、それは、「人前で読み上げるものだった」（山口仲美『日本語の歴史』岩波新書　二〇〇六　七一）からである。ことばは文字として見るだけでなく、オトとして口から出たときに、はじめて独立できることがこれでよくわかる。そのツァヘルト先生は旧制の松本高校でドイツ語の先生をしていらしたから、たくさん、日本人のお弟子さんがいらっしゃるということだった。

そのうちに、私はエッセンという大きなまちの市民講座で日本語を教えてくれないかと頼まれ、引きうけた。そのおかげで日本語を教えるということはどういうことかを思い知ったのである。ことばに入るまえにまず文字を教えなければならない。その文字が、教えてみると、たしかにひどいものだとよくわかる。

こうしてツァヘルト先生のなげきは私自身のものになった。むかしも今も日本語をほめたたえ、気炎をあげている論者たちはその前に一度、漢字をまったく知らない人に日本語を教えるという経験をもってほしいものだ。

あれから半世紀たった今、日本語の教材も教授法も目ざましく向上した。それでも大変なことはかわらない。アメリカ国務省の調査によれば、アメリカ人がスペイン語を学ぶのについやす時間とエネルギーとを比べると、日本語はその三・五倍はかかるという（ユディット・ヒダシ「ヨーロッパにおける日本語教育と漢字・漢語」）。

ということは、スペイン語なら一年やって到達できるレベルに、日本語だと三年半かかるということだ。いや、しかしこれはまだひかえ目な数字で、三・五年どころか実際は五年と言っていいかもしれない。専門領域ごとに、文献の種類によって知らなければならないおびただしい漢字が、これでもか、これでもかと湧き上がるように押し寄せてくる。

でも――と人は言うかもしれない――ドナルド・キーンとかサイデンステッカーなどのように、ガイジンにも、どんな日本語だって読んでしまう達人だっているじゃないか、努力すればあんなふうになれるんだよと。しかし、世の中は日本語をやるだけで、一生を棒にふってすむような、尋常でない人ばかりではない。

二年のドイツ滞在をおえて日本に帰ってしばらくすると、「日本語ブーム」と呼ばれる現象が起きた。ある種の文化人や文筆家が、しきりに日本語が乱れていると怒りはじめ、若い人たちを叱りつけ、古い漢字や「かなづかひ」を復活させよと叫んだだけではない。さらに「方言が猖獗《しょうけつ》を極めている」と方言攻撃をはじめたのである。

この人たちは私より、だいたい十歳前後としうえで、たぶん学徒動員などで、きちんと勉強できず、貧しい学生生活を送った年齢層の人だから、こういう形で、失われた時間をとりもどそうとしているのだろうと思った。しかし、そんないじましい自分勝手な復古主義を新聞などと手を組んで、世の中に押しつけようというのはたいへんめいわくなはなしだ。

ところがここに、それまでとはちがった新しいブームの要因が加わることになった。それはほかでもない、多くの外国人の日本語への参加である。

従来、外国人で日本語を学ぶ人として目立ったのは、古式ゆかしい日本文化のあわれとしての日本語を学ぶ研究者や特志家だった。ところがそこに全く新しい層——日本ではたらきこどもを生み、何よりも日々のくらしをいとなむための日常、実用の日本語を求める人たちが加わったのである。

このことによって、日本語はもはや、日本人だけの、うちわのやりとりですむ村ことばではなく、世界に開かれたことばになることが求められるようになった。

日本の文化、政治——政治は文化の一形態である——と同様、日本語もまた、新たな解放と飛躍の時をむかえているのである。

こういうときになって、またあの復古勢力やその残党が、日本語の、ただでもせまい門をいっそうせばめるようになったら困る、という思いから書いたのがこの本である。

目次

言語学者が語る漢字文明論

言語学者が語る漢字文明論

第一章　日本語という運命

日本語の状況

日本語があぶない、危機にさらされていると多くの人が感じている。この危機には日本語そのものの内にひそんでいるものと外からやってくるものとがある。

外からやってくる外的な危機とは、英語がグローバル言語として圧倒的な力をおよぼしてくるだろう、すると、日本語をこのまま使いつづけていていいのだろうか、これからは日本国民のことばの力の半分は英語に頼るだろう、そうなるといっそのこと全面的に英語に乗りかえる方が有利だ、――しかしやはり我々は日本人だから、象徴的に日本語もある程度は忘れないでおいた方がいいのではないか、といったような不安からくる議論である。それは、おそいかかって来る英語への対策、戦術の問題であるから、英語を第二公用語にするとかしないとか、いくらでも議論すればいい。

それに対して、日本語はもともと力のよわいつまらない言語だから、英語の勢いの前に圧倒されてもしかたがないじゃないか、おそかれ早かれ、英語に乗りかえるのは、時の流れというものだ——というふうになると、この危機感は外的状況によるものではなく、日本語そのものにかかわる本質的なものだ。

近代の日本人はまずオランダ語、次いで仏、独、英語など、西洋の近代言語にふれ、さらにすすんで、それらのみなもとをなす、ラテン語やギリシャ語にまでさかのぼって知識がひろがって行くにつれ、日本語は本質的に劣った、つまり素質そのものができの悪い言語ではなかろうかという不安におそわれる人たちすら現れるに至った。しかも、その数は決してすくなくはない。

一九世紀末のドイツに留学し、当時世界の言語研究の最前線をなす学派なりと自任した、気鋭のドイツ青年文法学派のまっただ中で言語学を身につけて、それを日本の帝国大学に移植する役割をおびて帰国した上田《うえだ》万年《かずとし》は、同時に日本国家が必要とした「国語」意識を造成する役割もおびていた。帰国直後の一八九四年十月に行った講演の中の次のような一節は、今読んでみても、一二〇年前の発言とは思えないほど現実感がある。

又他の「漢学者以外の」一派の人は、此母を野蛮なり無学なり、馬鹿にぐず〳〵して気力に乏しなどいひて、それよりは他の母を迎へよなど主張す。此派の人は〔……〕西洋語尊奉主義の人に多し。殊に英学者と称する人の間に多きが如し。（上田万年「国語と国家と」『国語のため』平凡社東洋文庫　二〇一一）

文中の「母」とは、我々日本人の「母語」すなわち日本語を指している。ドイツ語のMuttersprache《ムッターシュプラーヘ》（母語）つまり、ことばを母にたとえる考え方に学んだものである。

ここで日本語が「ぐず〳〵して気力に乏し」いという感覚は「西洋語尊奉主義の人」「殊に英学者」のものであると言いながらも、じつはこの人、上田自身のものでもあったにちがいない。それにもかかわらず、この母は、母であるからには、とりかえることもできず否定もできないものであるという現実から上田は逃げることができなかった。そこから現れたのが、「真の愛には撰択の自由なし」という、聞くだに悲痛なことばである。

さて、とりかえることのできない我らの母、日本語が「ぐず〳〵して気力に乏し」いという感覚は今日でもなお、そっくりそのまま、いな、いっそう増幅されて生きつづけている。次の文章を見よう。

日本文化は漢文によつて培はれた。［……］義務教育における漢文の教材はもつとふやさねばなるまいし、殊に簡黙雄勁な論説文を読ませることによつて、現代日本人のともすればふやけがちな文体感覚を鍛へることはむしろ急を要すると見受けられる。（丸谷才一『日本語のために』四三　一九七四　傍点は田中がつけた）

傍点をつけた「ふやけがち」という感覚が、一二〇年前の「ぐず〱して気力に乏し」いという感じ方を再現している。

漢字、漢語の助けのない日本語は「ふやけ」てしまうということは、もともと日本語はふやけた言語だということになるではないか。そのふやけた日本語をぴりっとさせてくれたのは漢文だという。しかしほんとにそうだとすれば、救いがない。ということは、日本語は、もともとふやけているのがその本質だということになるじゃないか。これではとても、外国人に、ぜひともこのことばを学んでくださいと、おすすめできる言語ではない。日本語はふやけているんだから、どうぞ、ふやけていない他の言語をやってくださいと言わなければならないのだろうか。

困ったことに、「カンモクユーケー」（たぶんこのように読んでいいのだろう）などと漢字を四つつらねていい気持になっている——ほんとうは、うまい、ぴったりした日本語が見つからなかったから漢字に逃げただけのことだと思うのだが——このようなもの書きは、外国人に日本語を教えた経験もなく、この「カンモクユーケー」を漢字で書かねばならないことが日本語を世界にひろげる上でどんなにじゃまになっているか、本気で考えたことがある人とは思えない。こういう人が、外国人ながら日本で看護師・介護士になろうという感心な人たちに、「褥瘡《じょくそう》」だの「誤嚥《ごえん》」だのという漢字が読み書きできないからといって、国家試験で追っぱらっているのだ。

こうして、漢字の知識でふやけないように身を固め、せっかくこころざしのある人たちを追っぱらっているうちに、日本語はどんどん、滅びへの道を歩んでいる。世界じゅうのどんなことばも、今では外国人の参加なしには生きのびられないからだ。

あとでも述べるように、今世紀中に世界の言語のうちの半数が消え去ると予告され、また生きのびた言語たちも激しい競争の場に立たされている。ことばは、ただ「カンモクユーケー」な漢語を使える人たちだけのものではなく、なるべく早く身につき、しかも使い勝手のいいことばとして国際言語マーケットでせりにかけられているのである。

で、そのマーケットではどんな言語が選ばれるか、いうまでもなく、その言語を使えば職を得て安定した収入が得られるだけではなく、やさしい、いたわりの気持で、たがいに助けあう気持を起こさせるような、親しみのあることばである。そして、たいせつなことは、その「ことばを好んで使う仲間」（これをドイツ語ではSprachgenosse《シュプラーハゲノッセ》といい、「ことばの同志」というくらいの意味）を増やすことだ。

私は日本人を両親として生まれてきた上に日本で育ったので、残念なことに日本語を使って生きるしかない。そしてこの日本語なら、「カンモクユーケー」などと、威張って人を見おろすような言い方をしようと無理しないならば、かなりよく使える。そして、国の外にもこのことばで自分の気持をつたえあえる仲間をなるべくたくさんふやしたいと思っている。

とはいえ、日本語を使えばうまく生きて行ける——そういう社会を作ろうとしても、それは私の力をこえている、どうしようもないことだ。しかし、日本語をやってみたい、と思った人が、いつでも気軽にとりかかれるような日本語にして行くことなら多少の力添えはできる。

困ったことに日本人は、時代が危機にたっていると感じると、やたらに漢字をふやしたり、敬語などのことば使いをきびしく見張って、ことばのむつかしさで武装する。そうすれば気分が引きしまってしゃんとすると思っているところがあるらしい。

つまり、漢字語は日本では軍人や役人たちが人民の目をくらまして戦争にさそい込んだり、事実をごまかそうとする時に大いに愛用されるのみならず、また学者や知識人までもが、自分の学問の弱さをかくすためにそれに手を出してしまう要注意の文字だ。

太平洋戦争のとき、英語を禁じて、がちがちに漢字で固めた文章で国民の目をくらましてから、たっぷりとカンモクユーケーな漢語をつかって、いくさにのぞんだことはまだ記憶にあたらしい。「ふやけ」ないようにしたのであろう。そして負けた。負けたのちもまた、漢字・漢語を使わないでも「ふやけ」ないような日本語を作ることを、この国のもの書きたちは怠けてきた。権威主義という病気にかかり、漢字中毒から脱することができず、われらが母のことば、やまとのことばをおとしめ、見すてて今日に至ったのである。

このようにすればするほど日本語のわ（輪）をせまく閉じて、ことばの活力を窒息させてしまうだろう。いまや日本語は一部の特殊な趣味をもった人たちだけの占有物ではない。私はそれほど多くのことばを知っているわけではないが、経験から見れば話し手人口が少なく、危機にさらされた言語ほど、「純粋さ」を守ろうとしてか自らを閉じて行き、よそ者を近づけず、せっかくのファンを逃がしてしまう。私はこれを自閉的言語とよぶ。危機にのぞんだ際のこの自閉現象は、残念なことにエスペラントのような解放のための言語運動にさえ生じやすく、自ら普及の道をせばめてしまう傾向がある。

それに対し、外に向かってひろがって行く言語はできるだけとりかかりやすくて大らかである。この点で日本語は漢字のテンがどうだの、ハネがどうだの、棒が一本かけてるなどとこせこせしているときではない。いま日本語は、とりかえしのつかない――これまでにもたびたびあった――誤った道に入りこみ、泥沼の底まで沈み込もうとしているのである。

母語ペシミズム

最初に述べた日本語に対するこの不安の感覚は、すでに明治国家の誕生とともに現れた。

明治五年、一八七二年、すなわち今から一四〇年も前のことだが、大弁務使（公使）としてアメリカに在った森有礼《もりありのり》は、日本が国際社会に参加するためには、日本の公用語として英語を導入してはどうかと思うのだがと、当時、日本と関係の深かった、アメリカの言語学者ホイットニーに質問を出した。ウィリアム・D・ホイットニーは、森がのちに、その従弟《いとこ》W・C・ホイットニーを一八七五年東京銀座四丁目の鯛味噌屋の二階――と歴代の学長たちは、入学式でなぜかうれしそうに新入生にむかって話す――に開かれた商法講習所（後の一橋大学）の教師に招くなど、日本と縁が深かっただけではなく、言語学史の上でも記憶される人だった。というのは、かのF・ド・ソシュールが、この人を一九世紀の伝統的言語学が劇的な転回を行うための「最初の刺激を与えた」(『一般言語学講義』岩波書店　一九七二―一四）として評価しているように、当時アメリカ人としてはめずらしくヨーロッパの言語学をよく理解し、またヨーロッパからも注目されていた言語学者であったから、森の相談あいてとしては悪くなかったのである。ところがホイットニーは森のこの着想に対して、世界の新興国がこぞって、支配してきた植民地国家の言語、たとえば英語などを排して、自らの民族語、国語を求めている時代に、自らすすんで外国語を国語に採用しようとするのは、世界の流れに逆行するものだと強く森をたしなめたのである。

森の英語公用語論は、日本人の外国語、外国文化に対する卑屈で屈辱的な態度だとしてよく引きあいに出される。けれども、私はそうは思わない。当時はまだ、これが日常使える日本の文章語だというものが確立されてはいなかった、そういう時代であったことを理解しておかなければならない。しかも森は当時二十五歳という若さだったから、私としてはむしろ、そのいちずな気持の方を考えてあげたい。

当時、日本人が自分の母語＝日本語で書くための文章語がなかったということを語る、興味深い次のようなエピソードがある。

それは森がホイットニーに手紙を書いたのと同じ年、一八七二年のことだった。この年、日本に陸軍幼年学校が創設された。当時軍隊の指導者となるものは近代的教養の代表者としての役割をも担っていた。その第一期生となった柴五郎（のち一九〇〇年、義和団事件の際、北京駐在武官として指揮をとった）は、当時の幼年学校の授業内容について次のように書いている。

国語、国史、修身、習字などいっさいなく、数学の九九までフランス語を用い、地理、歴史など教えるもフランス本国の地理、歴史なり。（石光真人編『ある明治人の記録』一〇二）

というのも、教官はすべてフランス人であったからであり、

正式に日本文、漢文、日本の地歴を学ぶ機会がなく、このことが私の生涯において

長い間苦しみになりました。〔……〕フランス語なら不自由なく読み書き喋れるのに、日本文が駄目なのです。ここ〔本書〕に書いてある文章と文字、いずれも死後に残す自信がありません。よけいなことをお願いして済みませんが、添削してください。（同一三一 ‐ 一三二）

とまで、自分の日本語を恥じているのである。そもそも一八七二年というと、今日では当然のように使われている「国語」ということばすらもまだ現われてなかった。「国語」は明治に入ってから作られ、明治二〇（一八八七）年頃になってやっと定着しはじめた「新漢語《ネオ》」だったのである。このあたりのことは、私の『ことばと国家』を参照していただきたい。

当時のこうした状況を見ると、若い二十五歳の森の思いつきを決してあざ笑ってはならないのである。しかも森は、単に英語をあがめたてまつって、それをそっくり奴隷的にまねして、そのままで日本に流通させようとしたのではなかったと知れば、なおのことである。かれが提案したのは、かれ自身の表現にしたがえば、improved and simplified English であって、そこからは、動詞の変化 speak - spoke, teach - taught, think - thought のような、無用の不規則をとり除いて、speak - speak - speaked, teach - teached, think - thinked のように規則的にした「簡略英語」いな、森の精神に従えば改良英語を考えていたのである。

これにもホイットニーは、即座に否と答えたのである。その理由にいま深くたちいることは、本題をそれるから踏みとどまろう。

しかし、私の考えでいえば、これは革命的な言語思想であった。具体的に存在するさまざまな言語の要素をあつめ、そこから不規則性をとり去ってエスペラントが考案され、発表されたのは一八八七年だから、森の改良英語は、それよりも一五年先んじていたのである。だから私は森のことを愛国語心の足りない西洋かぶれの人物として悪しざまに言うのを好まないのである。この言語改良についての議論は、私の『エスペラント――異端の言語』にゆずろう。

【動詞の変化】

speak	-	spoke
teach	-	taught
think	-	thought

↓

【簡略・改良英語】

speak	-	speaked
teach	-	teached
think	-	thinked

森が、日本に公用語として英語――ただし改良英語――を導入してはと考えてから一四〇年もたった今、またもや、英語を日本の公用語にしようという議論がもちあがっている。もっともこの公用語英語には「第二」といういいわけがましい枕ことばがついてはいるけれど

も。こういう言いわけが必要になるわけは、では、第一公用語の日本語と英語の間には、どのようなバランスが必要なのかという、やっかいな問題が、ただちに発生するからである。

ところで、いまさかんに論じられるようになった「公用語」ということばで何が考えられているか、ほとんど議論されないままなので、ここであらためてとりあげてみたい。

公用語とは

そもそも、「公用語」ということばは、ドイツ語 Amtssprache《アムツシュプラーヘ》 あるいは英語 official language からの翻訳であり、それはアムト（役所）、オフィスで使用が義務づけられている言語、すなわち「役所で用い得る言語」という意味だから、学校はもちろん、役場や市役所、郵便局、警察署、裁判所など公的機関のどこに行っても窓口で使えなければならない。このような公用語は法律、時には憲法によって定められるから、もし日本で英語が公用語と定められれば、公務員は役所英語の試験を受けて合格していなければならないのである。公用語の制定は、住民にとっては権利だが、為政者、公務にたずさわる人にとっては、重い義務になるのである。

その結果どういうことが起こるかといえば、公務員つまり、おまわりさんはもちろん国会議員も、いな天皇さまも、公用語を用いる義務を負うことになる。

日本語のほかに英語も公用語とすることによって、二つの公用語ないしは国家語を定めるとどのようになるかを私はフィンランドでたっぷり経験した。フィンランドでは、フィンランド語のほかに人口の七％ほどによって話されるスウェーデン語も対等の公用語になっている。

私はフィンランドでたくさん本を買って郵便局から「印刷物」として安い割引料金で出そうとした。それをフィンランド語で言おうとしてもたもたしていると、局員のお姉さんが、じゃスウェーデン語で言いなさいと親切にすすめてくれた。郵便局員は公務員として、二つの公用語の試験に受かっているのである。

外国人をはばむ漢字語

多くの日本人は、日本がこのような状態になることを期待しないだろう。むしろ、日本にやってきたり、住んだりする外国人は、当然日本語を身につけているべきだと考える人の方が多いだろうと思う。しかし、そうは思うようにはいかないのである。

外国人に日本語を身につけてもらいたいという要求がひときわ強く現れたのは、フィリピンやインドネシアから若い人たちが看護師、介護士になろうとして日本をめざしたときであった。そのとき日本側がかれらに求めた、医療活動に参加するための日本語資格試験がどんなに高い壁になったかは、ほとんど予想されていなかった。

日本の医学用語がどんなにわずらわしく、物々しいものであるか、私はドイツで息子が生まれたときに経験した。日本語には「ぶんべん」ということばがあって、それが行われる部屋をぶんべん室という。それにあたるドイツ語はEntbindung《エントビンドゥング》である。はじめのEnt-《エント》は「離れる」「離す」という意味の接頭辞で、bindungのビンドは、「バンド」「バインド」、つまり「つながり」を表すのだから、「母胎からはずれる、はなす」で、すぐにわかる。日本語のはじめの「ぶん」は「分」でわかるが、次の「娩」は、たぶんこの時にしか使わない漢字である。白川静さんによれば、この字の右側は「分娩のときの姿勢を示」しているのであり、左の女ヘンはじつはもとは子ヘンだった、つまり「嬎」だったという。一八八六年に出たヘボンの『和英語林集成』という、日本最初の和英辞典にも、この二通りの字が出ていて、「分嬎」はブンベンだが、「分娩」はブンバンと読むのだと記してある。

ではなぜ「嬎」が女ヘンの「娩」になったのか、研究してみる価値があるかもしれない。人間だれでもが「ぶんべん」によって生まれてきたのに、だれにもあまりよくわからない、そしておそらく九〇％もの人がすぐには書けないだけでなく、また途中で変わったりするこんな文字を使うのはなぜだろうか。

　医学用語がこんなにむつかしくなっているのは、たぶん、医術の秘儀性をまもり、医者と患者の間の距離をひろげるためだったのだろう。すくなくとも、医学はしろうとが口を出してはいけない聖域としてまもり、そこに民間の俗な用語をすべり込ませてはいけないという心理が働いていたのだろう。

　もっと身ぢかな例を出そう。「耳鼻咽喉科」というのも、私には書くのも言うのも苦手ななまえだ。ドイツの病院では、じっさいにどう言っていたのか、私も使ったことのない名前なので、これは字引きを引いてみると、Hals《ハルス》-Nasen《ナーゼン》-Ohren《オーレン》-Arzt《アールツト》、つまり「ノド・ハナ・ミミ医者」とあって、これじゃ長すぎるので、実際はノド・ハナ・ミミのかしら文字だけをとってHNO《ハーエンオー》と言っているらしい。英語ではotorhinolaryngology《オウトライノラリンゴロジー》と、ギリシャ語をつらねたむつかしい言い方もするらしいけれども、ドイツ語では、なるべくふだんのことばで言おうという、一七世紀以来続いてきた、なみだぐましい努力の結果ではなかろうか。「ジビインコー」という日本語は、日本語で言うと、医者のありがたみがわからないからこうしたのではないだろうか。しかし医者は、「あなたの左のジを見せなさい」とか、「ちょっとビを見ましょう」などとはまず言わないだろう。

ここで、ドイツ語が、いかに外来語の自前化（日本語でいえばヤマト化）に力をそそいだか、それに対して日本語がいかに漢化を好んだかの一例をあげよう。

日本語の「蛋白質」（たんぱくしつ）の「蛋」の字は、日本語ではこれ以外のことばには用いられない、全く効率の悪い字である。私がこの字を知っているのは、中国語を少しやったことがあるからだ。「蛋」（dàn）は、「たまご」という意味の、現代中国語の日常語だ。だから、「蛋白」は日本での漢字の使い方に従えば「卵白」となるはずだ。つまり、「卵の白身」という意味だ。

では、この見なれない「蛋」の字を使って、「蛋白質」という日本語を作った、そのもとはどこから来たかといえば、ドイツ語の Eiweiss《アイヴァイス》（あるいはオランダ語の eiwit）からだ。Ei《アイ》は英語の egg《エグ》に、weiss《ヴァイス》は white《ホワイト》にあたる。

ドイツ語も、はじめは英語のように albumen《アルビュメン》とか protein《プロテイン》とか言っていたのを、ドイツ語人ならだれでもわかるように、ふだんのことばになおしたのである。

日本語の「蛋白質」は、それをそのまま「Ei＝蛋、weiss＝白」と漢字で一つ一つ置きかえた上、終わりに「質」を加えてできあがったものである。

日本語の辞典でこのことを説明したものはないかとさがしていたところ、最近出た辞典に次のような説明があるのを見つけた。

【蛋白】中国語で、「蛋（鳥の卵）＋白（しろみ）」が語源です。卵白のことです。日本語では albumen の訳語で、蛋白質のことをいいます。（増井金典『日本語源広辞典』ミネルヴァ書房　二〇一〇）

日本の日本語学者と言われる人たちは、こうした近代日本語のたいせつな用語がどのようにしてできたか、まったく関心がないのか、語源辞典の項目にさえのせていない。つまり、問題にもしていないないか、このように独立の項目をたてているのは感心なことだ。しかしこの説明が説明になっていないことは、これを見た読者のだれもが驚かれるであろう。

まず、中国語が語源だと言っておきながら、「日本語では訳語」だという。どういうつもりだろうか。

そこで私が愛用している『漢語外来詞詞典』（上海辞書出版社　一九八四）をみると、「語源は日本語の蛋白質から」と説明してある。この辞典には四人の編者の名があがっているが、この四人の中国人の研究者への尊敬の心は、ますます深まるばかりである。

このように「中国語が語源だ」とすることは、中国の辞典がはっきり否定している。とすれば、日本人は、日本人がだれでも知っている「卵」という字を使わないで、中国人の日常用いている「蛋」を使って学術用語を翻訳したのである。そのとき、この漢字を用いた人は、ほとんど中国人になりきっていた。別の言いかたをすると、日本語人のためではなく、中国人のために漢字語を使ってあげていたことになる。まさに、それがかれの教養の見せどころだったのである。

病院用語のうち、これも、こどものときから、なんとかならないかと思うのに、「ゲカ」がある。すなおなこどもは漢字を見て「ガイカ」とよむだろうし、これは「ナイカ」とオトの調子も合っていいのではないだろうか。

そう考えてくると他にもいろいろある。「歯科」は「は科」でいいし「眼科」は「め科」でいい。そうすればこどもでもすぐわかる。みんな「はいしゃさん」「めいしゃさん」と言っているではないか。こどもにもわかるようにと考えるならば「小児科」はぜひやめなければならない。私の知りあいのおばあさんは、ずっと、これを「ショージ科」と言っていた。なぜこのばあいは「児」が「ニ」なのか説明するにはかなりの学識がいる。そのうえ、ふだんのことばで「小児」を使うのは病院でしかない。で、これを「こども科」にすれば日本語から「小児」という単語を追放して、辞書の中から一つ席をあけることができる。

こうした考えからすれば、最近よく人が口にする「コツソショウショウ」などをばっこさせているのは、日本語としては能のない話ではなかろうか。

最近宮崎の人たちに大いに打撃をあたえた、(人間の病気ではないが)「コーテーエキ」というのがある。これも、「口蹄疫」という漢字を見なければ何のことかわからない。いな、見てもほとんどの人がわからないだろう。私がはじめてこのことばをラジオで聞いたとき、一瞬「皇帝疫」だと思ってしまったのは、「皇帝」ペンギンとの類推のせいだろうと思う。ギリシャ語好みの英語ですらfoot and mouth diseaseと言っているみたいだから、日本語より英語の方がよくわかるという困った例の一つだ。

去年、二〇一〇年の九月、モンゴルの草原の旅をしたとき、東部諸州はこの病気のまっ最中だったから、草原の中に設けられた検問所でしばしば検査を受け、交通は遮断されていた。私たちの車は、案内役のモンゴル国防軍の大佐殿が乗っており、特別の許可証があったから、やっと閉鎖線を突破することができたのであるが。モンゴル語ではこの病気をシュルヒー(шулхий)と言っていた。語源は「シュル(ス)」(よだれ)にあるようだから、「よだれダラダラ病」という、古くからの日常語なのであろう。日本にはたぶんこの病名は畜産先進国の欧米から入ってきた、もとはありふれた病名であったはずであり、また人々がふだんから知っていなければならない知識なのに、こんなにむつかしい漢字の中にとじ込めてしまったのはよくない。

このように日本語が無用無益なわかりにくさでがちがちになっているのは、本来の日本語のできがわるいわけでもなく、また漢字そのものが悪いわけでもなく、こんな状態を作り出して平気でいる、日本の国語審議会だの、国語政策を決める機関に集まっているタレント文化人がよくないからである。もっと正確に言えば、日本の政府は深刻な問題をまじめに議論しなければならない時に、タレントを引っぱり出して話をうやむやにする作戦をとるくせがある。

日本語の習得がむつかしければ、ほんとうは日本人に劣らぬ能力や専門知識があるのに、日本語は、それができないという一点をもって、外国人をチャンスから閉めだす、都合のいい道具になっている。こうしておけば無能な日本人でも、このめんどうな日本語によって守ってもらえる、ありがたい道具なのである。

一般に、風とおしの悪いせせっこましい言語には、ほんとうは実力のないもの書きたちを守るための防壁になるという機能がある。その最たるものが作家であって、かれらがほんとうはどんなにできの悪い作品であっても、それが日本語だということだけで守られているという、ありがたい面がある。

もしかりに、言語の壁がなくなって、外国人が縦横無尽に日本語で書くようになったとしたら、いまの日本の作家の何パーセントが生き残れるか知れたものではない。

しかし、とにかく、外国人がかんたんに日本語社会に参加できないということは、ある種の日本人には都合がいいとしても、日本語にとっては大きな損失である。一般に、ある言語は、それに参加する人が多ければ多いほど、またその人たちの職業や経験が多様であればあるほど、その言語のためには利益になることがわかっている。

自閉型言語と発展型（開放型）言語

誰でも、ある一つの言語共同体に参加しようとすれば、比較的容易に学ぶことができるように、外に向かって開かれた言語、たとえば英語は、ますますその勢力をひろげて行き、内容も豊かになる。このようなタイプの言語を私は「開かれた言語＝開放型の言語」と呼び、それとは反対に、その言語を学ぼうとしても、学びにくく、ときには、わざと学びにくいように工夫がこらしてあるため、そこに大きな壁がたちはだかっている言語を、「閉じた言語＝自閉型言語」と呼ぶことにしている。

私自身はことばの才にとぼしく、それほど多くの言語が使えるわけではないけれど、しかしそれらの中で、日本語は最悪の自閉言語であることはまちがいないと思う。自閉型言語は、かたくとびらを閉ざしていることによって他者を寄せつけず、外からの影響を受けずにいられるから、それだけ汚染されずにすむと思う人もいる。日本語の奥深い味わいを大切にしようと、こみいった敬語法や待遇表現を使うことに神経をとがらせ、外国人のちょっとした誤りをも許さない、このような言語の話し手は、なかみはきちんと伝わっているにもかかわらず、それが礼儀にかなっていなければひどく傷つけられたように思ってしまう。

また、その習得にぼう大な時間のかかる漢字の知識で人々に威圧をかけているから、自らを守るためには適していて、つまり、外国人の侵入を許さない、守りのかたい言語ではあっても、いな、まさにそのゆえに広く門を開いて他者を迎え入れることができないから、決して広い外には出ては行けないのである。

このような日本語の表記法に悩んだのは、外国人よりも先に、まず日本人自身が苦しんできたのである。そのありさまを、一六世紀中頃日本にやってきて、みずからも日本語を身につけたポルトガルの宣教師ルイス・フロイスが、するどく、次のように言い放っている。いわく、「日本人は漢字の意味を覚えることで一生をすごす」（亀井孝共編『日本語の歴史4』三七二）と。この深刻な事実を自覚した日本人は日本語を漢字から解放するために、日本人のみずからの発明である、かな文字だけで日本語を表記するカナモジ運動や、さらにローマ字運動（本書231ページ参照）がはじまった。それらはすでに百年以上の歴史をもっているにもかかわらず、社会全体としては受け入れられていない。

日本語をこのように、自ら閉ざして使いにくく、学びにくい言語にし、その手足をしばったままにしておいて、英語を公用語にしようなどというのは、日本人としてはあまりにも、智慧のないはなしではないだろうか。

それぞれの言語の歴史を調べてみると、言語は決して自然などではなく、外国語に依存しない、自立した言語になるためになみなみならぬ努力をかさね、造成してきたあとがたどれる。なによりも人民の日常生活にとって使いやすく、自分の意見をいかに自由に述べるのに適した道具にするか工夫をかさねてきたという歴史をもっているヨーロッパでは、そのたたかいの歴史の中から言語学という学問が生まれたのである。つまり、言語学は、近代国家をつくった市民が、民主主義をかくとくするたたかいの一部として生まれてきたのである。

この国にはどんな学問が入ってきても、自分の土壌に根をおろして成長して行くようにはならず、教養を見せびらかすアクセサリーの域を出ていないのと同様に、いな、それ以上に言語の学問は、それにふさわしい役割を果たしてはいない。日本の言語学には他国の言語学がそうしてきたのと同様に、今までに蓄積した知識と経験に基づいて、日本語を使いやすく工夫するという役割があるにもかかわらずである。

ことばの数をどう数えるのか

日本語だけを特別な言語だと見ることをやめて、ひろく世界の諸言語の中の一つだという観点から、次のようなことを考えてみよう。

いま、世界には七〇〇〇くらいの異なる言語が話されていると言われる。この数は一九三〇年ころ、フランス・アカデミーが発表した二七九六という数字の倍以上にあたる。

小さなことばは話されなくなって、どんどん滅びているというのに、七〇年ほどの間にいったい何が起きてことばの数が二倍にも増えたのか、おかしいじゃないかという質問が出るだろう。

これには問題が二つある。一つは、それまで探索の及ばなかった奥地へも調査が行われるようになって、ニューギニア島だけでも、五〇〇もの言語が話されていることが明らかになった。もちろんそれらの言語のほとんどは文字に書かれたことがない。宇宙のことはいろいろわからないことがあるが、この地球の上ですら、どんなことばが話されているのか、まだすみずみまではわかっていないのである。

第二には、そのことばは、隣りの言語とは異なる独立の言語なのか、あるいはその単なる方言にすぎないのかという問題がある。これをきめるのはとてもむつかしい。外からやってきた言語学者が、これはどう見てもある言語の方言だと考えても、そのことばの話し手は、いや、絶対にほかの言語とは異なる我々独自の言語だと言ってゆずらないことがあるばあい、言語学者は、言語そのもの、いわば言語のからだ、本体——これをコーパス（ラテン語の corpus コルプスを英語読みして）という——だけでなく、話し手の意識、話し手がどう考えているかも考慮に入れなければならないという問題があるからだ。

たとえば二〇〇九年二月一九日、国連の機関であるユネスコは、日本ではアイヌ語を含む八つの言語が絶滅の危機に瀕していると発表した（朝日新聞　二〇〇九・二・二〇夕刊）。

これを聞いた素朴な、ふつうの日本人は、えっ、日本にはアイヌ語以外にも、七つものそんなにたくさんのことばがあるの？　と首をかしげるだろう。
私なんぞは誰がそんなこときめたんだ。ほんとうに日本語のことがちゃんとわかっているのか、日本人にクジラを食べるのは許さないぞとがんばっている白人の暴力的な団体と同じような人たちだと思ってしまうが、まあ、あまりはやまらないで、よく話をきいて議論する必要がある。

日本に八つもの言語が！

アイヌ語が日本語とは異なる独自の言語だと認めない人はまずいないだろうから、それを別にして、ではその他の七つもの言語とは何かと見れば、八丈語、奄美語、沖縄語などがあるという。そうなると「八丈語」の話されている八丈島は東京都にあるのだから、東京都には、日本語以外に土着の言語が少なくとももう一つあるということになる。そうなんだろうか。この議論には、ここではもう立ち入らないことにするが、時には大きな政治問題になるからほんとうは笑いごとではすまされないのである。

日本では、こんなことで日本の言語的統一が乱されるおそれはないけれども、国によっては極めて危険な政治のおとし穴にふみこむことになるばあいもある。いな、言語のこの方言的ちがいを手がかりにして、一つの民族が、異なる別の民族へと引き裂かれることがある。その深刻な例としてモンゴル語の場合について見よう。

モンゴル語とブリヤート語――言語の分断をはかる

モンゴル国では、国民の八〇％以上がモンゴル語のハルハ方言を話していて、このハルハ方言が、モンゴル国の国語になっている。あとの二〇％ほどは、モンゴル語の西部諸方言のほかに、西北部の一角にいるカザフ族、ウリヤンハイ（トゥバ）族などがそれぞれトルコ系のことばを話している。モンゴル国は、モンゴル諸族が持つ唯一の独立国であり、そこで話されるハルハ方言は国語としての高い地位を得ている。それは文学の言語でもあり、学術の言語でさえある。

そのモンゴル国の北はロシアに続いている。そこは一七世紀にロシアが征服したからロシア領になっているが、もとからブリヤート・モンゴル族が住んでいて、かれらにはロシア連邦の一部を構成するブリヤート共和国があてがわれている。そこではブリヤート・モンゴル語が話されている。世界に言語が七〇〇〇あると主張する人たちによれば、おそらくブリヤート語は独立の言語であろうが、別の見方に立てばモンゴル語のブリヤート方言である。

ロシア革命が起きてから、革命のかかげた「民族自決」のスローガンをたてにとってブリヤート・モンゴル人たちは、外モンゴルのハルハ・モンゴル人たちと一体になろうとして、ブリヤートもハルハも共通に用いるモンゴル文語を基礎に、モンゴル諸族の共用言語を発展させようとした。ブリヤート人はその目的のために、ローマ字（ラテン文字）にもとづくハルハ方言、つまり今日のモンゴル国の国語になっている方言に極めて近いセレンガ方言をブリヤートの国語として発展させようとした。しかしこの計画の中心人物であり、ブリヤートの文部大臣もしていた言語学者、バザル・バラーディンは一九三七年に捕らえられ、プチブルジョア民族主義者として銃殺された。

それだけではない。一九五八年、ソ連共産党中央委員会は、ブリヤート人が、「ブリヤート・モンゴル」という名を使うことさえ禁止した。したがって、「ブリヤート・モンゴル語」も概念として存在しないことになり、それ以後はモンゴル語とは別の、独立の言語として「ブリヤート語」とすることが、法律で決められた。今やブリヤート語をモンゴル語の方言だと主張する学者は反国家の反逆者として生存を許されなくなったのである。ブリヤート語はモンゴル語とは全く異なる別の独立の言語だとされたから、これによってブリヤート人は、モンゴル人とは異なる別の民族だとしてモンゴルから引き離す学問的な手続きが最終的に完了したのである。ソ連邦が崩壊した後も、この状況は変わらない。

その効果ははっきり表れてきた。今日、モンゴル語から切り離されて孤立した話し手人口二〇万ほどのこの小さなモンゴル語方言を若い人はほとんど話さなくなっている。

方言か独立の言語かという議論には、言語のからだそのもの（コルプス）だけを研究している旧式の言語学では手も足も出ないのである。

言語の数を増やしたがる人たち

このようなわけで、たとえば、ブリヤート・モンゴル方言をモンゴル語から切り離して、独立の「ブリヤート語」にしたてた結果、言語の数は一つ増えることになる。ユネスコで言語の数の統計をやっている人は、たぶんコーパス屋さんに影響をうけた人たちが多いであろうから——だいたいにおいて、それに役人たちは旧式のコーパス屋さんだけが権威ある「言語学者」だと認める傾向が強いから——一九三〇年に三〇〇〇だった言語もやり方によっては、七〇〇〇どころか一万にだって増やすこともできよう。だから正確ぶって、こんな数をかぞえあげてみたところで、人類が当面しているほんとうの言語問題の解決にはほとんど役にたたないのである。

ソ連邦が話題になったついでに、ぜひ思い出しておかねばならないのは、中国における言語の数の数えかたである。

中国の公式見解では漢語（いわゆる中国語、言語学ではシナ語という）のほかに五五の言語を少数民族語として「認定」した。この五五という数え方にはかなり問題がある。どういうふうにかと言えば、ほんとうは「方言」としていいものが独立の言語とされていることである。

逆に中国全体で、九〇％以上を占め、一つの言語である「漢語」（国際的にはシナ語というが、日本では中国語という）は、その話し手が耳で聞いても相互に通じないほど、それぞれの「方言」のあいだにはへだたりがある。そのへだたりはたとえばスペイン語とポルトガル語よりもっと大きいかもしれないのに、単に方言とされている。私は専門家ではないから具体的な数字をあげられないけれども、「八丈語」を独立の言語と見るたちばからすれば、「中国語」なるものの実態は二〇くらいの「異なる言語」から成っているとしてもいいくらいである。

しかしそれらの言語は、共通に漢字を用いているおかげで、一つの言語という仮面をかぶっていられる。あとでもふれるが、この「漢字」という独特の文字は、オトを表さない「意味文字」、より厳密に言えば「概念文字」だから、ことばそのものを表してはいない。だから、その原理は「（ウマの絵）」という動物を「馬」という字にしておき、それを漢語ではマーと読み、日本ではウマと読み、ハングルではマルと読んでもいい。それのみか、馬《horse》、馬《cheval》と、英語やフランス語のルビをふって、それぞれホースだのシュヴァールだのと読めばよい。それは、ずばっと言ってしまうと、英語やフランス語による「訓読み」にほかならないのである。

訓読みは日本語独特の工夫だというのは思いちがいで、外国語をそれぞれの言語の流儀に従って読めば、それぞれの言語の訓読みになる。例えば英語には etc. という略語があり、これはラテン語の et cetera（エトセトラ・「その他いろいろ」という意味）を省略したものだということはひろく知られているが、これを and so on と読んだ場合、ラテン語についての英語の訓読みということになる。もし世界中が漢字を採用して、それぞれが英語、フランス語などのふりがな、ルビをふり、それぞれに訓読みしながらたがいに筆談すれば、かなりな程度まで外国語の勉強は必要でなくなる（訓読みの原理についてもっとくわしくは本書１４９ページ以下を参照）。

さて、話をもとにもどそう。そのようなわけだから、この「七〇〇〇」という数は、ひきのばせば九〇〇〇くらいにはなるだろうし、ちぢめれば三〇〇〇くらいになろう。

さしあたっては、こうした数を正確なものとしてきめておけば、試験問題だのそのほか、知識をたしかめるための目的に使うとき、あまり考えないでも人を選別するのに役立つ便利な手段になる。標準的、規範的知識とはそのようなものである。

がいして言語学者は、言語の数を大きくしたがる傾向がある。まるで自分たちの財産目録が増えて、仕事の場所も広がると思っているからかも知れないが、現実生活にはめいわくな面もある。私だってその気になれば、大いに学識を総動員してモンゴル語の一方言たるブリヤート・モンゴル語の中味を、二〇くらいには増やすことができる。

「言語共同体」とは

で、言語学者ではなくて、そのことばを日々使い、しかも、そのことば（母語）しか使えない人——私も基本的にはそうだ——にとっては、そのことばの通用する範囲がなるべく広ければ広いほどよい。いや、そのことが国にとっても個人の運命にとっても決定的な要因になる。

アメリカ人は世界中どこにでも我物顔に出かけて行って頼みもしないのに戦争まで平気でやる。戦争をやれば仕事がふえるし産業もさかんになる。戦争をやらないとしても英語学校を作って、そこで英語の教師をやれる。つまり、かれらは英語を知っているという、そのことだけで食べて行けるのである。日本の小学校が英語を教えるようになれば、かなりの数のアメリカ人が職にありつけるかもしれない。

英語で書いた小説や論文は世界中で売れる。それに対して人口五〇〇万人くらいのフィンランドでは、フィンランド語で書いてもそこの読書人口をどんなに大きく見積もったとしても、本の出版部数は大変少ないから、本の値段も高くなる。

こう考えると、その言語を使う人の数が多ければ多いほど、その言語の使い手、話し手の利益も大きくなる。だから、どのことばのもとで生まれたかは人間の運命を左右する、はかり知れない不平等の根源になる。けれども、人は、当然のこととして、この不公平をいわば運命として受け入れている。

このような、おたがいに話して通じ合えることばを共有する人たちの集まりを「言語共同体」という。どことなくいかめしい感じのこのことばは、本来の日本語ではないし、日本人の発明でもなく、手近なところでは、ソシュールの『一般言語学講義』に現れる communauté《コミュノテ》 linguistique《ランギュイスティック》 であるが、それを翻訳した小林英夫は、「言語社会」ということばをあてがっている。しかし私の推定では、このことばはソシュールが多くを借りてきている、G・フォン・デア・ガーベレンツというドイツの言語学者の用語、Sprachgemeinschaft《シュプラーハゲマインシャフト》をフランス語にしたものだと思う。このことはすでに『言語の思想』（NHKブックス　一九七五、岩波現代文庫　二〇〇三）で述べておいた。ソシュールを独訳したM・ロンメルは、やはり、Sprachgemeinschaft としている。

シュプラーハ（Sprach-）ゲマインシャフト（Gemeinschaft）のシュプラーハは、英語の speech と同じ源の「ことば」という意味であり、「ゲマインシャフト」は平たくして「社会」と訳してもいいのだが、そうはしないでこれを「共同体」とかしこまって訳すのには、それなりのわけがある。

「言語共同体」はその後、一九三〇年代のナチズムの勃興期に、ドイツの言語学者ヴァイスゲルバーによって、特別な荘重さを帯びて現れることになる、極めてドイツ的な概念である。というのは、ドイツはフランスやイギリスと比べると近代国家の形成がおくれたために、民族の統合原理として、言語が極めて大きな意味をもったからである。つまり、言語共同体が国家に相当するくらい大きな役割を果したからである。

この共同体は、それを構成するメンバーが自分の意志によって、簡単にはそこから脱出できないように強く結ばれている。最も強い結びつきといえば血縁に結ばれた共同体で、たしかにそれは生理的に否定できないものである。しかし、それとても多大の勇気をもってすれば、共同体の外に飛び出すことができなくはないのである。

言語共同体の不合理

ところが、困ったことに、ことばは、自分の意志でとりかえようとしてもどうにもならないものだ。自分が日本人であることがどうしてもいやで、日本を飛び出し、パリに住んで国籍をとりかえてフランス人になったとしても、もとからフランスで生まれ育った人のようには、フランス語は話せない。どんなにうまく話したとしても、日本語なまり、もっとくわしく言えば、生まれそだった郷土のなまりをけずり落とすことはできないのである。

人間は、十二歳くらいまでに生まれ育ったまわりのことばを身につけてしまうと、そのくせは生涯洗い落とすことはできない。いちいち文法を考えたり、アクセントの位置を考えたりしなくても身について、自然に口から出てしまうことばを母語という。

母語を話すとき、人はまるで歩くのと同じくらいの自然さで行う。人は歩くとき、

「左の足を前へ出すとき、左手は後へ右手は前へふり、右の足を前へ出すときは左の手を前へ、右手は後へふる」といちいち考えてやっているのではない。そう考えると、かえってうまく行かなくなる。ちょうどむかでが、あの多数の足をどのように動かすか考えて動かしていないのと同じである。それと同様に、人は母語を話すときに、文法を思い出し、それに合わせて話すようなことはしない。だから母語の話し手は、母語の文法を知らない。日本語の文法をほんとうによく知っているのは、それを分析しながら、意志をもって身につけた外国人の方である。

母語が自由に話せる——母語の自由さ、自然さとは、ちょうど歩くことに似ている。音声学で言語音の分析をしてみると、英語のアと日本語のアとは、微妙に舌の位置や、くちびるの開きかたがちがうが、その舌やくちびるの位置は、こどもの間にほとんど意識せずに身につけてしまったものだ。このように、人間は自覚しないで身につけたことが、最も気づきにくく、また分析しにくいものだ。それをやろうとすると、自分を生きたままで解剖するような、つらい気持を味わうことになる。

ことばはそのようなものだから、外国語をやるのは、決して楽なしごとではなく、時には身を削るような思いがともなうものだ。ただし、こどもの時から、母親と父親がそれぞれ別のことばを話しており、その両方ともを同じような程度に身につけて育つらいこどもがいたとしたら、このこどもは、大人が味わうようになにか、痛い、つらいような感覚がともなうものだろうか――こうした二重言語《バイリンガリズム》についての研究は、長い歴史があるが、それにしては思うような成果があがっているとは思われない。

私は不幸にして、両親のいずれも日本人だし、三十近くになってはじめてドイツに留学した以外に外国語を話し聞きながら日常生活をしたことはないから、バイリンガルで育つ喜びも苦しみも経験せずじまいである。といって家の中で、家族の皆が全く同じ日本語を話していたのではない。父方は呉だか広島の方から流れてきて、雪深い山陰の但馬《たじま》の国に住みつき、土地の女――私の母と結婚した。だから私はこどもの頃から、微妙に異なる二種類の日本語を聞いて育った。そして、但馬のことばは遅れていて、一段低いことばだと、家族の中で皆が思っていることが何となく感じとられた。そういう感覚は、こどもの意識にも微妙に影をおとすものだ。

また、同じ但馬でも、私の住んでいるところでは「そうだ」と言っていたのに、たかだか二〇キロほど北の海の方に寄った母親出身の村では「そうや」と言っており、そこに行くと、「だ」方言を使う私はなまいきだと、その土地のこどもたちになぐられた。ところが私の土地から一〇キロほど南へ谷をあがった山地では「そうじゃ」と言った。私はそのいずれもがおかしく、自分の「だ」ことばがいちばん正しくいいことばだと信念をもっていた。その信念はどこから来るのか、日々見なれた山や、小川の水車や木立が、みんな「だ」と話しているようだからとしか説明できないのである。

母国語ではなく母語だ――ことばの名に「国」をつけるな

このように小さいこどもの時に、いつの間にか身についてしまって、からだ（すなわち口、唇、舌、歯など）から引き離すことのできないことばを母語という。このことばは、ドイツ語「ムッター（母）・シュプラーヘ（言語）」（Muttersprache）からの翻訳によって生まれた。

こどもを育てるのは必ずしも母だけではない。母がいなかったり病気で寝たきりだったりすれば、Vatersprache（ファーター《父》・シュプラーヘ《語》）となるのだが、悲しいことに「父」には乳房がなく、おっぱいが出せない。子どもを育てるのは、やっぱりおっぱいだから、おっぱいを出す母の方が育ての主役になるのは男にとっては、はなはだ残念だがやむをえないことだ。で、この「母語《ぼご》」ということばは漢字を使った翻訳によって作ったのだからあまりいいひびきではないとしても、しかたがない、ひとまずがまんして、そのまま使うことにしよう。

問題なのは、それを「母国語」という人たちである。そのすりかえは、ほとんど自覚なしに、自動的に起きる。日本語ではことばのことは、なんでも「国語」という習慣が深く根をおろしているからだ。これについてはもう三〇年も前に、『ことばと国家』で書いたことなんだけど、朝日新聞の記者なんぞは、いまだに「我々の母国語は」なんて言い方をするので、最近は新聞記者もあまり自分でものを考えない人たちがなっている、ずいぶん質が落ちたもんだなあと思う。

なぜ母国語がおかしいか説明しよう。たとえば、中国に住むチベット人である。どんなに独立を願っていようと、かれらは中国国民なので——最近はチベット人だろうがモンゴル人だろうが、多元一体の「中華民族」だという理論が考案された——かれらの母国の言語、つまり母国語は中国語である。しかし、かれらのほんとうのことば、民族のことばは、まぎれもなくチベット語である。同じように、アメリカに住む多数の亡命チベット人は、アメリカ国民として日常は英語をしゃべっていようと、やはり母語はチベット語なのである。

「(母)国語」と「母語」のちがいを考えるために、ここで、アルフォンス・ドーデの『最後の授業』に登場する、アルザスの少年フランツ君のことをとりあげてみたい。フランスのアルザス地方は、ドイツ領になったりフランス領になったり、政治のせいで、学校の授業用語もはげしく入れかわったところである。ドーデの『最後の授業』は、プロイセンとフランスの戦争（普仏戦争）によってフランスが敗北した結果、アルザス・ロートリンゲンをプロイセンに譲った一八七一年の話である。

　フランス語の最後の授業となった教室で、アメル先生は生徒に向かって、諸君は「国語を保っているかぎりは、自由になるためのろう獄のかぎを握っているようなものだから、フランス語をよく守り、決して忘れてはならない」とさとし、最後に「フランスばんざい！」と黒板に書いて教室を去ったという、国語愛あふれる感動の物語である。

　この国語愛のものがたりは、日本でもたいせつな教材として教科書の中で、おきまりのものとして、くりかえし使われた。

　しかし考えてみればふしぎなはなしだ。フランツ少年の母語は、ドイツ語の一方言、アルザス語だったのだ。

　このものがたりは韓国でも国語愛のためとして教科書にのっていたというのは、一層奇妙なことになる。なぜなら、フランス語を教えるアメル先生のたちばは、たとえてみれば日本語を教える先生が、敗戦にあたって教室を去るときに、朝鮮語を母語とする韓国の少年たちに日本語への国語愛をとくことになるからだ。

「最後の授業」の問題は、私の『法廷にたつ言語』（岩波現代文庫　二〇〇二　二四三―二七四）でくわしく述べておいたので参考にしていただきたい。

言語共同体は性格共同体か？

以上私は、人間個人の属性として、生まれたときから変えることのできない項目をとりあげてみたが、それらを根強く身についたものから順にもう一度考えてみたい。人間で最も変えにくいものは肉体・生理に関する要素である。目の色、肌の色、髪や、顔、からだの造作などは変えられないし、かくせない――こうした特徴から人は人種という分類方法を考え出した。

次に何が変えにくいか。一九世紀に、それは民族だ、そしてその民族とはそれぞれ独特の性格をもっていて、その性格によって作り出される文化も異なるというので、人類は民族のちがいにもとづいて分類できるのだと考える人たちがあらわれた。そうして、民族とはそれぞれ特有の文化にもとづく性格共同体（Charaktergemeinschaft《カラクターゲマインシャフト》）だと主張した。ここまでは、特別に目新しい議論だというほどのものでもない。ではその民族的性格を作る究極の要因はなにかということで議論が深まり、それで言語というものにたどりついた。――ここで言語が（民族的）性格の形成とどういうぐあいにからみあっているかという議論には無数といってもいいほどの書物がかかれ、それでもなお論じつくせない内容があるけれども、いまは深く立ち入らない。ただ性格は変わりうるが、一度、母語として身についたことばは、簡単にとりかえることができないという認識は、しっかり手にしておくねうちはありそうだ。

若い女の子たちは――最近の男もだが――ファッションに夢中になる。服を着がえれば、すぐにフランス人形のようになったり、西部劇に出てくるおじさんのようになれる。

しかし、ことばはそうは行かない。ファッションは一瞬にしてとりかえられるが、一つのことばを身につけるには一生かけても足りないくらいだ。だから若者で、ほんとうに外国語を身につけるための、根気のいる修業をする人は減る一方だ。それにことばの知識のかくとくには、知力と情緒を同時にはたらかせなければならない。まことに、ことばのまなびとは、アタマとココロの同時なる共同作業なのだ。

母語の不条理さ

そして大変大切で痛切かぎりないことは、母語の不合理性——もっと今ふうにいえば不条理性というものだ。なぜか。

母語は一度身についたら、もはやからだから引き離すことはできない。その引き離しにくさといったら、眼の色をかえるのと同じくらいむつかしく、ほとんど、まったく不可能なことだ。ことばは生理ではなく、後天的に学習して身につくものだけれども、それは無意識的な学習であり、まるで生理とともに与えられるような、かぎりなく生理に近いものである。しかも、人間は、ことばを話す動物として、何か一つ、特定のことばを、かならずどこかで身につける。その上どんなことばでも思うがままに選べるのではなく、いやがおうでも生まれた母親のことばか、自分のまわりをとりまくことば以外ではありえない。

人間は、ことばを話す能力をもって生まれてくるが、決して「ことば一般」などというものはない。言語学者のチョムスキーが作業仮説として、一七世紀の哲学者が考えた、すべての言語に共通する「普遍文法」をヒントにそのような概念を発明しているけれども、それはことばというよりは、かぎりなく「論理」というべきものに近いものだ。そして、論理とは仮定によるつくりものだ。ことばとは実際には、身のまわりで話されている特定のことば、つまり「母語」である。

そして、困ったことに、しかも大変困ったことに、その母語は、自分の意志では選べないのである。私だって、日本語が好きだとか、話したいとかの意志をもって日本語を身につけたのではなく、その上、日本語の、しかもある特定の方言しか話せない母親から生まれてきた。もしチャンスに恵まれれば、アメリカ人の、たとえばヒラリー・クリントンのような女から生まれればよかったと悔やんだとしても、それは「あとの祭り」なのである。つまり、人間は母を選ぶことができないのと同じように、ことばを選ぶことができないのである。

ことばは合理的なものだとしても、なぜ人間は、あれではなく、このことばを使わなければならないかは、まったく道理をこえた、不合理きわまりないことなのだ。

このことをもう一度、上田万年の言ったことばを引いてかみしめてみよう。「此自己の言語を論じて其善悪を云ふは、猶自己の父母を評するに善悪を以てし、自己の故郷を談ずるに善悪を以てするに均《ひと》し。理を以てせば或は然らざるを得ざらん、しかもかくの如きは真の愛にはあらず。真の愛には撰択の自由なし」（本書22ページ参照。傍点は田中がつけた）と。

何というひどい言いかただろうと思うと同時に、何という、なっとくできることばであろうと思う。これは国語愛を訴えたテキストとして時に引かれることがあるけれども、万年さん自身が、かれの日本語への愛はほんとに、ぞっこんの愛なのではないことをうかがわせる。もしかしてほかの外国語の方がいいと思っていたかもしれないのである。

けれども国家の任務を負い、日本に言語学を植えつけるために、文部省の命令でドイツに行ったからにはその責任をはたさなければならない。ましてや、今のように、決して多いとは言えないにしても、外国人が進んで日本語を学んでくれる時代ではなかったのである。この一文には愛国主義というより、むしろペシミスティックな感情が表れている。

そのペシミズムとは何か、別のことばでいえば「運命」——やまとのことばでは「さだめ」というのだろう。そうだ、私たちが日本語を母語として、この島に生まれてきたのは、運命——避けられないさだめなのだ。さだめは「運命がさだめた」ことであって、まさに「母をとりかえる」ことができないのと同様に、母語＝日本語をとりかえることができない。ここで私たちは、自分が「日本人」である以前に、じつは日本語を文化としてではなく、ほとんど生理の一部として身につけて生まれた「日本語人」であることに気づく。

「日本人」とは何か――日本の国籍をもち、日本的性格・習性の中で、まるで泥沼の中でぬきさしならぬ状態で育てられ、そのように社会が要求してでき上ったものだが、一念発起して、日本人をやめようと思えばやめることができないわけではない。事実そういう人は少なからずいる。

――しかし、日本語人であることをやめることはできない。母語は意志でとりかえることはできないからだ。つまり日本人であることは運命ではないけれども、日本語人であることは運命なのである。問題は日本語人だけにとどまらない。すべての人間が、それぞれの母語に制約をうけ、そこから自由に外に出ることはむつかしい。だからこそ、それぞれの人間のことばは基本的人権の一部として尊重されなければならないという原理が引き出されるのである。

言語共同体は運命共同体

「母語」ということばに特別の思いを寄せたのがドイツ語人であり、また同じ言語を母語とする人たちのあつまり――「言語共同体」が「運命共同体」だと最初に述べたのも、やはりドイツ語人のようだ。私がこのことばを最初にみつけたのは、オーストリア社会民主党の理論家オットー・バウアーの『民族問題と社会民主主義』(一九〇七）という大きな著作の中である。バウアーによれば、人間各個人が、どの言語を話すかということは、人間にとって、ほとんど運命と同様に避けられないものだという言語と人間との関係から来ている。

この本が現れたのは二〇世紀はじめだが、言語と民族の問題がずっと論じられていたのは、すでに一九世紀の中頃からで、バウアーの論争相手はカール・カウツキーであった。ロシアのマルクス主義者たち、とりわけウィーンに亡命中の若いスターリンは、この二人の論争をしっかり見つめていたが、バウアーを否定し、カウツキーをとった。

ソ連における「言語と民族」の問題をはじめて体系化して示し、レーニンを大いに喜ばせたのはウィーン亡命中の三十四歳のスターリンだった。私はいまでも、この頃のスターリンを好もしく思うといえば、人はへんな顔をするのだが、人は年令によってはげしく変わることがあり、いくつもの人生を生きているように思う。それはともかく、言語共同体は運命共同体だというバウアーの表現をくらいと思いながら、大いに納得させられるところがある。そして民族が言語共同体を基盤として成立する以上、民族は決して虚構ではない。近ごろは、「民族は虚構」だと主張したがる本がいくつも出ているが、もし民族を虚構だと言いたいならば、言語そのものが虚構だということを証明せねばならないだろう。

不幸な「運命共同体」の転用

ところでこの「運命共同体」という語は、たいへん不幸なことに、政治家がねじまげて勝手につごうのいいように使う、困ったことばだ。

たとえば中曾根康弘が首相だったときに、日本とアメリカは「運命共同体」であり、日本はアメリカにとっての「不沈空母」だと言ったことがあり、そしてそれはまたその通りで、なるほど日本列島全体がそうであるかもしれないが、特に、沖縄を見ると、このたとえが実感として胸にせまってくる。

日本のリーダーがこんなことをぬけぬけと言えるのも過去のことだと思っていたが、二〇〇九年、オバマ大統領が日本にやってきたときに、日米の同盟関係は「運命共同体」だと言ったのでびっくりした（これはNHKラジオで聞いた、女の同時通訳者のことばを通してだが）。オバマさんの英語は、英語好きな日本人たちの手本になっているらしいが、まだ若いから、いくぶん勉強の足りないところがあってもしかたのないオバマさんが、この用語のいわれを知らないのはやむを得ないとしても、この本を読む皆さんは、どうかなまにえの新聞記事などにまよわされることなく、何とも言いようのない不気味なふんいきを感じとってほしい。

日本はアメリカに運命を強要されたかもしれないが共有しているとは言えない。少なくとも、二つの国の関係は天がさだめたものでは決してないのである。日本人がアメリカとは異なる運命を切り開き、アメリカ軍事覇権の手伝いをするのが日本の運命では決してないことは、こどもだってわかる、いや入れぢえのないこどもの方が、もっとすなおに感じるであろう。

そんな日本国民の意志でどうにだって変えられる関係に、「運命」などという荘厳なことばをかってに貼りつけられたりしたくはないのである。

第二章 「日本語人」論

日本人ではなく日本語人がたいせつ

前の章では日本語と日本人、そして、日本人が日本語という母語で結ばれた言語共同体について考えてきた。

ところが、いま新しく生じている問題は、日本国籍をもつ日本国民と、言語共同体という概念とは、単純に一致しないことである。一致しない問題をほどくのに必要になるのは、「日本人」ではなくて、「日本語人」というかぎ（鍵）概念である。このちがいは、「日本人」が政治的概念であるのに対して、「日本語人」はより文化の概念、もっと限定するならば、言語文化的概念である。このことについてもう少しくわしくたち入ってみよう。

日本人とは、ふつう、日本の国籍を持っている人であり、その大部分は日本人の両親、時には少なくとも一方の親が日本人で、国籍なんて考えたこともない、また考える必要もない人たちである。私もそうであるが、「君は日本国民である」と言われると、そうだったのかと思うほど無自覚である。しかし難民として日本にやってきて、苦労して国籍をとった人には、かなり複雑で、そして厳粛な思いがするのであろうと想像する。

しかし最近では、両親とも日本人ではないのに、日本で生まれ、日本の隣近所にかこまれ、日本の学校に通って、日本語で育ち、もう両親の国やことばとも関係がなく、日本語を母語（生まれながらの自分のことば）としてくらすこどもたちも増えている。

この子たち、この人たちが国外退去を求められる新聞記事やニュースを読んだり聞いたりすると、私は、もし自分がその子だったらどんな気持だろうかと思って胸が痛む。そうでない大多数の人間はあらためて国籍を考えてみることはあまりないが、ことばは朝から晩まで、いや眠っているときでさえそれを使って夢を見て、全生活を満たしている。——別のいいかたをすれば、国籍は意識というよりも、より多く制度にかかわることだが、ことばは制度をこえているのである。

このことは、誰でも考えてみればすぐにわかることだが、私は自分が言語学者だから、特別にひしひしと痛切に感じられるのである。

そこで私は、その人が日本人であるかどうかより先に、日本語人であるかどうかを考える。ことばの問題を考えるさいには、できるだけ「国家」ときりはなして考えないと、その人を一個の人間として正しく客観的に見ることはできない（国家は、ことばよりは、はるかあとになってやってきたものだ）。「日本人」といえば国家がからんだ政治的な概念であるが、日本語人——日本語を使わねば日々生きていけない人——の方がはるかに実体があり、しかも切実で文化的で、日常に根ざした概念である。

バイリンガル日本語人

日本語人という概念がますます必要になる理由を考えてみよう。

かつては日本語を話す、すなわち日本語人はほとんど日本人だけだったから、こんな概念は必要がなかった。すなわち日本人＝日本語人だったのである。

ところがここ二〇年ほどの間に多くの外国人が日本にやって来て住みつくようになった。定住外国人は、いま九一万人を数えるという。これを書いている間に、もう一〇〇万人になっているかもしれない。その大部分の人たちにとっては、もちろん日本語は母語ではない。日常生活の必要から日本語に上達したとしても、話をしてみればすぐに外国人だとわかってしまう。しかしそのこどもたちは、日本の学校に通い、日本人の友だちとつき合えば、そこで日本語を母語として獲得してしまう。だから親がこどもに通訳をしてもらい、こどもからことばを学ぶことになる。

　こうしたこどもたちは日本人ではないとしても、日本語人としてはもう完ぺきである。そして、特別な入智慧《いれぢえ》をされなければ、自分は日本人だと思っているのである。私は学生時代に、ある人からうちあけられたことがある。じつは自分が朝鮮人だということがわかった。入学手続きをやっているうちにわかってショックだったと。いまは、このような日本語人がめずらしくなくなっている。さらに大切なことは、この子たち――あっという間におとなになってしまう――は日本語共同体の重要な一翼をになうことになる。日本の政策担当者は、この人たちのことを大いに、そして特別にたいせつにしなくてはならない。かれらは日本語のほかに、出身国のことばも維持していることが多いから、通常の日本人以上の能力をもっているからである。

　日本は世界でも抜きんでたモノリングアル（たった一つのことばしかできない人）の国である。たいていの人は日本語しか話せない。中学からずっと途切れなく英語を学び大学まで十年間以上英語をやっても、まともに使える人はめったにない。だから、これら、日本語共同体に新たに参入したバイリングアル新日本語人の存在はますます重要になってくるのだ。

　このような外国出身の日本語人は、これからの日本にとってかけがえのない財産になるだろう。というのは、次のような新聞記事を読んだことがあるからだ。十年、いやもっと前だったろうか、アルメニアに大地震が起きたとき、時をうつさず、最初に、強力な救援隊を送ったのはフランスだった。フランスには多くのアルメニア人が住んでいる。かれらはことばもわかるし、同胞のいる国アルメニアに、フランス政府の援助をもってかけつけたのだ。それはフランスの威信を大いにたかめた。こんなことが可能なのは、アルメニア出身のフランス語人がいるからだ。

フランスといえば、いまの大統領サルコジさんはもとハンガリーの人だ。そう思ったのはアルタイ学会で知りあったハンガリーの研究者にシャルケジ (Sarközy) さんという人がいたからだ。この名をフランス式に読めばこうなる。名前で見てすぐガイジンとわかるのに、それを平気で大統領にするのは、ここが人種の国ではなくて、こいとばの国だからである。ここではフランス語を話す人がフランス人なのだ。

日本語人にはみずからの意志によってなる

さらに、こういう問題もある。日本で、日本人の両親のもとに生まれた日本人にとって、日本語を話すのは、当然のことなのだ。

しかし両親が日本人でないのに、その子どもたちが日本語人になった家族は、必要にせまられてであれ、とにかく求めて日本社会に参入した人たちだ。この人たちは日本に住むことに大きな決意をもって日々日本語人になるプロセスを実行しているのである。

無自覚で、当然のこととして日本に住んでいる人と、決意をもって住んでいる人との差は大きい。そして後者は日本では例外的少数派だ。だがそうでない言語社会もあるという貴重な経験を私がしたのはカナダである。

自分の意志でなるカナダ人

私はどちらかといえばよく外国旅行をする人間だけれども、新大陸には一度しか渡ったことがない。しかもアメリカ合衆国の土地には、いまのところ一歩も足をしるしたことがないのである。

一九八六年、私は大学で同僚だった、政治学者の田中浩さんから、カナダに行ってみないかとすすめられた。政治学会に招かれた講演で、フランスのフランス語とケベック州のフランス語のちがいについてちょっとふれたものだから、現地の体験をさせてやりたいと思われたのだろう。そこでカナダ政府が提供しているエンリッチメント・プログラムというものに応募して採用された。何をエンリッチする（栄養をつける）のかと言えば、カナダ政府から奨学金をもらって、三ヵ月ほど自由にカナダを旅行して、カナダ経験をエンリッチすることだ。お金をもらったことに対するお礼は、帰ってから授業で二、三回、カナダのことにふれて話し、また講演会などでカナダについて話すというものであった。私は社会言語学の授業で、ケベックのフランス語専用政策について授業するための材料を集めることを主体として、主としてケベックに滞在したが、もちろん英語地域でもすごした。

カナダの住民は世界のさまざまな国からやってきた人たちの寄りつどいであるが、うらやましいような、独特の愛国心を共有していた。それは寄り合いだからこそ生まれる愛国心だと言ってもいい。——つまり、かれらはもとの祖国を捨て、自分の意志でカナダ国民であることを選びとった人たちである。

私は英語はあまり話したくなかったので、着いた空港に出ている広告をみて、ドイツからやってきた人たちの家庭を選んで民宿した。かれらは、ドイツ語をしゃべるめずらしい日本人が泊りに来たというので、親せき一同が私のために集まったり、さそわれて結婚式にも参列したりした。一見してかれらは故郷をなつかしみ、こうして機会あるごとに望郷の念をなぐさめているかのように見えた。

だからかれらは家庭言語としてはドイツ語を使うかと言えばそうではなくて、なるべく英語を、とりわけ子どもたちの前ではひたすら英語を使おうとしていた。すぐれたカナダ市民になるためだというのがその理由だった。

こうして、約一ヵ月のカナダ放浪は、様々な外国からやってきた、雑多な民族の仮の住まいという、私がそれまで抱いていたカナダのイメージを大きく変えるものであった。かれらは自由を求めて自分の意志で、カナダ社会に参入し、カナダ国民となったのだから、祖国に対する忠誠心の強さは想像以上であった。

カナダのことを思いあわせると、日本にやってきた新日本語人、あるいは新日本語人の予備軍は、日本語の将来に対する保険のようなものだと思わなければならない。私たちの日本語共同体の拡大と強化のための、たいせつな新勢力である。

ことばと意志

ことばと人間との関係について、ことばが学問の対象になる以前から、大きな二つの対立する考え方があった。

一つは、ことばは神さまあるいは自然が与えたもので、人間は、その与えられたものをだいじに守り、それに従って行かなければならないとする考え方。

もう一つは、ことばは人間の作ったものだから、使い勝手がいいように、便利にしたがって変えていけばいいではないかという考え方である。世の中の人の考え方は、前者に組する人が大半で、後者のように考える人は、ごくわずかの少数派で、変わり者、異端者と見なされるほどである。とりわけ我こそは美しく、正しい日本語のまもり手、代表だというふりを売り物にしている著作家などは、「日本語の不便さこそが日本人の忍耐心をきたえているんだ」と言いたげであるから、次のようなことばが、日本文学史の上で記憶される人のものであると知ればおどろかれるであろう。

馬鈴薯は神が与へた法律に随つて出来、「しかしそれに対して」言語は人の心々《こころごころ》で作られたものであるといひたい気がする。いや人類は実に言語の所有者で、言語が人類を有して居るのでは無い。もとより人間のための言語で、言語のための人間では無いのだから、ある国の人間はある国の言語を用ゐざるを得ぬかのごとき世間の実状より観《かん》じたらば人間が言語に拘《とら》はれて居るやうにも見えるが、実に人間は言語を左右し得る権利があるのである。（幸田露伴）

これは露伴、明治四一年、一九〇八年のことばであると知れば、今の著作家たちが若くしていかに動脈硬化症におちいっているかがわかる。この露伴の発言の場所をわざと示しておかなかったわけは、いまいちど新鮮なまなざしで露伴に出会いなおしていただきたいためである。

言語は生き物か？

露伴のいきのいいタンカを聞いたあとでは、ちょっともどかしい感じはあるが、それがいかに先進的な精神であったかを知るためにも、ヨーロッパの言語学史の流れの中に置いて考えてみよう。

近代の言語学は、一九世紀に生物学、とりわけ、ダーウィンの生物進化論に強くしげきされたあまり、かなりの部分が生物学をモデルにして生まれた。このあたりの事情については、私の『ことばとは何か』（講談社学術文庫　二〇〇九）を読んでいただきたい。いまでも言語評論家のある人たちは、「ことばは生き物だから、人間が手を加えてはならない」などという、なまにえの理屈をしたり顔にふりまわして、ことばを現状にあわせて使いやすくしようという、あらゆる改革に反対する。その人たちは、もしかして一九世紀言語学のはしくれ、できそこないの教養的知識を多少小耳にはさんでそれを都合のいいときだけくり返しているだけだろうと思ってしまうのだ。

だけどほんとに言語は生き物だろうか。生き物——たとえば草花や虫などは人間が発生する前から存在したのであって、人間が作ったものではない。それらはたしかに「自然（物）」であると言える。

では、ことばは、人間が発生する前から存在した自然物であったかといえば、一部の旧式なキリスト教徒でないかぎり、それに賛成する人はほとんどいないと思う。たしかなことは、ことばは人間が生まれた後にはじめて、人間が作ったものである、「作った」と言いにくければ、人間がいるからこそ「できた」と言ってもいい。人間が作ったものは「人工」つまり、自然でないから言語も自然ではないのである。

ところがそこがむつかしいところで、人には言語を自然物だと思いたがる傾きがある。少なくとも「人工物」だといえば少し抵抗感がある。では、ことばは人間が「意図して」、自分の意志によって、「計画して」作ったものかといえば、そうだとばかりは言えない。だから、聖書のように、神が作ったことにするのがうまい解決方法なのだ。そのことから、自然でない言語はどこかいかがわしいものと考える習性が人にはある。それが、ザメンホフというポーランドのユダヤ人によって作られたエスペラントに対するはっきりとは言い表されない違和感や反感が生まれる根拠となる。

言語が人間のための道具ならば

言語は鳥や花や木やゴキブリなどとちがって、人間が自分の必要のために作ったものである。とすれば必要がなくなれば廃棄すればいいし、不便だったら作りかえればいいではないか。二〇世紀を代表するフランスの言語学者アントワーヌ・メイエは、いたずらに古い言語を復活しようとするのは石油ランプが電球にかわったと歎くようなものだと言っている。正統の生物主義的言語学をやりながら、こういうすすんだ考え方を生み出した人はめずらしい。そこで、言語を動植物のようにではなく、人間の使う道具として考えるならば、したがって、自然科学ではなく社会科学の立場からみると、言語の消滅や減少をなげくのはおかしいということになる。

人類共用語のために母語をすてられるか

そうだ、日本がまず率先して世界の言語的統一を推進するために、また自身がその運動の中心に参加するために、すすんで日本語をすてて英語をやろうじゃないか。ちょうど生まれ故郷のいなかことばを捨てて都会のことばに乗りかえてきたように——。

これこそ超先進的な思想である。すでに紹介したように、一八七二年に、後に日本最初の文部大臣になった森有礼が思いついた思想だったのだ。その頃森は二十五歳だった。何と純粋でひたむきな青年だったことだろう。その時に日本語を捨てて、英語を国語にしていれば、日本人は今のように英語ができないことで苦しむ必要はなかったのだ。うらめしくも腹だたしいのは、日本人が相かわらず、このやっかいな割には、役にたたない日本語を話していることなのだ――という考え方もある。

かつてのソ連邦もそうだったのだが、今日の中華人民共和国では、この考え方はますます力を強めている。すぐれた「ソビエト人」（ソヴェツキー・ナロード。ソ連最後の憲法となった一九七七年制定のブレジネフ憲法にはこのことばがあらわれた）なら、とるにたりない民族語は捨ててロシア語をしゃべるべきだし、中華人民共和国の指導的言語政策を代弁して言えば、チベット語、ウイグル語、モンゴル語のようなゴミみたいな言語はさっさと捨て去って、一つの中華語をしゃべるべきだということになる。

一九八八年には、中国でも「ソビエト人」つまり、「ソビエト民族」にあわせるように「中華民族」が成立したと宣言した、フェイ・シアオトン（費孝通）のような学者がいた。

あり得ない「ソビエト語」、「中国語」

一九七〇年代のことだった。北京から帰る飛行機の中で隣の席の乗客とロシア語で話していたら、あなたはソ連語もできるんですねと、日本人から声をかけられた。ソ連邦が強力な存在だったころ、そこの言語を、やはり、ソ連語と呼ぶ人がいた。しかしそんな言語は学問的に、少なくとも言語学者の目から見たらあり得ないことだ。ソ連は七〇年続いたけれども、その間にロシア語でもないウズベク語でもないグルジア語でもない「ソビエト語」はついに生まれなかった。ましてや「ソビエト民族」はソビエトが崩壊した今日、もはや説明の必要もないことだ。

と同様に、中華人民共和国では、シナ語（漢語）でもないチベット語でもないモンゴル語でもない「中華国語」というものは生まれていないし、将来も生まれないだろう。

言語学者は一貫して「中国語」という言語名を使うことを拒んできた。中国に実際にあるのはシナ語（それがきらいならばチャイナ語、チノ語、シーヌ語、キタイ語などと言いかえればいい）とチベット語とモンゴル語やウイグル語などなどである。「シナ語」という言語の名は世界中が使っているのに、日本では「中国語」と呼ぶことが求められているらしいので、最近では言語学者までも、「中国語」という呼び方に移っている。そうしないと、出版社によっては本を出してくれないおそれもあるらしい。

中国は、「中華人民共和国」という国家の略称であるから、中国語というのは、ソ連最有力の言語であるロシア語を、ソ連語というのと同様におかしいのである。日本を含めて世界のどこを眺めても、言語の名を国家の名で呼ぶのは根本的に正しくないのである。言語を成りたたせているのは国家ではなく、民族であるから、言語の名もまた、国家の名ではなく、民族の名によって呼ぶのが正しく、アメリカ語などとは誰も言わない。それをやっているのは韓国語と中国語だけである。だから私は「韓国語」は使いたくなく、朝鮮半島という場所で最有力な言語の名として朝鮮語と呼ぶのを好むものである。その方が、朝鮮半島の国家的統一にも役に立つと思うのである。

言語共同体の多様性と重層性

いろいろ理屈をこねてみたが、ここで、私が言いたかったのは「言語共同体」は共通の、他に選ぶべき道のない、共通の利益で結ばれた「運命共同体」であるということを、その内容に立ち入ってくわしく述べてみたかったのである。

「言語共同体」ということばに欠点があるとすれば、このことばにあまりにも理念的で観念的なひびきがあることだが、じつは、すこぶる実用的、実利的な内容をもっている。

さきほど、日本語共同体が失われたら一番困るのは、言語商品を作ることによって暮しをたてている作家および準作家などだと書いた。だから、かれらは、自分たちが日本語に責任をもっていると考えて、あるいはそのふりをして「日本語をたいせつにしよう」などとお説教をたれるのであるが、それはたぶん自分中心の勝手な要求だろう。なぜなら作家がすべて死んでしまっても、日本語共同体はびくともしなければ消滅することもない。いな、その方がかえってすっきりするかもしれない。日々、人びとに見せびらかすほどでもないことばを、ひたすら必要からしゃべっている大多数の言語的大衆（ソシュールのいう masse《マス》 parlante《パルラント》）――すなわち、いささかも、母語にかかわる外国語の知識もない人たちから成る、日常語伝達共同体がその根底をささえているのである。かれらの言語活動に比べれば、作家の作品などは社会言語学的にみれば、そこから生まれたかびかあぶくのようなものにすぎない。ほんとうのことを言えば、作家は言語共同体を利用して食べている寄生虫にすぎない。とりわけ最近の、出ないウンコを無理やりにひり出したような苦しそうな文章で作った作品などはあまり日本語のためにはならないだろう。

気をつけなければならないのは、この人たちの中の多くは、自分のことばの趣味は、大衆にぬきん出てすばらしく、世の者どもは、すべからく、このオレ、このワタシのことば使いを模範にすべしと思い込んでいる人たちである。

このことはガストン・パリスのような大学者がずばりと言ってのけている。ことばと文字との関係を深く理解した上でのことだ。

正書法［正しい文字のつづりかた規則］は趣味の問題ではなく、理性的で実用的な問題である。適切な正書法をさだめるには、言語学者、教育学者、実業家、書物の印刷業者の協労を必要とするものであって、決して詩人だの小説家だの、ましてや哲学者だの評論家などに口出しさせてはならない。文壇名士でもあり、天分に恵まれた天才的な作家たちが、いりもしない文字を増やしたり、今までのフランス語の正書法を破壊することなしに、オトと文字をうまく一致させるようにする一番いい方法はなんだろうかなどと考えこんで時間をつぶすなんてばかげたことじゃないか。かれらがやるべきほんとうの仕事は、ほかにあるはずだ。もともと、かれらは、こういうしごとをするようには準備されておらず、こういう難題に対処できるような訓練をうけていないから、ぶきっちょにやってしまうだろう。（ガストン・

パリス「文法と正書法」『フランス語、プロヴァンス語評論』誌八号　一八九四）

ところが日本では、ガストン・パリスが、「口出しさせてはならない」と言っている、文字表記を確立する上で不可欠な音声学、音韻学などの基本認識の全くないもの書きと評論家だけの専横にまかされてしまったのだ。日本語は、言語的にきわめて粗野な文筆家たちの、趣味という暴力にまかされてしまったのだ。

ガストン・パリスの言うところを、ソシュールのことばを使って、よりおだやかに解説すれば、作家がたずさわるのはパロール（parole）の領域であり、ラング（langue）の領域は、たいくつな作業に熟練した人たちにまかせてしまいなさいということだ。

このテーマに多少かかわりそうな対話がはじまりかけたのは、当時野心的だった島田雅彦との対談でだった（島田雅彦編『無敵の一般教養』メタローグ　二〇〇二）。しかし、予定の時間におさまりそうでないのと、かれもまた、パリスの言うような「準備のできていない」（n'étant pas préparés）人たちの一人かもしれない、と気おくれしたものだから、ひっこめたのだった。

しかし、ことばとは、具体的に言えば日本語は、一枚の紙のように単一でうすっぺらなものではなく、何百枚もの紙を重ねた分厚いもの、いいかえれば重層的なものである。

その層の中には、一日のうちに一〇〇ほどの単語も使わない言語生活をしている人から、何種類もの字引を身のまわりにおいて、その中から、ジビキを引かねば読めない、書けないような漢字や単語を引っぱり出してきて本を書くような人たちもいる。

——以上は、社会の階層から見た、言語の多様性である。

この際に考えておかねばならないのは、ことばの背景には生理の問題もあるということだ。こども、青年、おとな、老人は、それぞれ、かれらの生きている生活、そして生きてきた歴史をもって話している。特別に注目しておきたいのは、日本のように、長い間、オンナの解放がおくれた社会では、オンナは、オトコとはちがった、特別なことば使いをするよう、家庭内でも家庭外（学校、つとめ場所）でも圧力をかけられていることである。

そして、最も目立った多様性は、地域的な変異すなわち方言である。

一つの「ことば」とは、このように社会的、地域的多様性を養分として成り立っている。それを、紙一枚のように単純にしてしまおうというのが言語に絶対権力をふるおうとするものたちの野望である。

紙一枚のような単純化を目指すばあいは、もちろん、何を目指して単純化するかは、それをやろうとする権力の知的なレベルを表している。

フランスはこの点で、近代国家の言語的近代を作る上で一つのモデルを示した。そこでは一六三五年に創設されたアカデミー・フランセーズが、最もゆたかな言語的教養をたくわえたとあおがれる四〇人の会員をもって、たえず、フランス語の純粋性を見張る役目をはたしている。

私の印象に残っているのは、次のような話である。哲学者のジルソンは、アカデミーが「ほんとうのフランス語」をうつし出すべく編纂した辞典から、コンセプト(concept 概念）という語彙を削るよう求めたということである。それが本来のフランス語ではないという理由で（ジルソン『言語学と哲学』岩波書店　一九七四）。

哲学者のジルソンが、哲学にとってほとんど欠くことのできないこの語を、フランス語でないと認めたことに私は大変感動した。「プティ・ロベール」と通称されるフランス語の辞書によると、一四〇四年にラテン語から取り入れたとされているこの語を、フランス語ではない「外来語」と理解したことに、この言語が、ホット・ドッグなんて英語を無造作に取り入れる日本とはちがって、chien-chaud《シアン・ショー》すなわち、「熱い犬」と、律儀にあるいは異様に直訳して取り入れる理由も理解できる。

言語共同体を分裂からまもる

たいていの言語には、外来語が無制限に入ってくることに対する、ほとんど本能的とも言えるような、警戒と拒否の反応が現れる。それはよく言われるように言語の純粋性を守るためというショーヴィニズムの動機からではなくて、外国語を知っている層とそうでない層との間に裂け目を作り出し、そのことによって、社会階層の間に分裂が起きることがないようにという配慮からである。それはほかでもない、言語共同体を分裂からまもるという効果をもっている。

すなわち、外国語について豊富な、特権的知識を持っている教養階層に特別な威信と権威を与えてしまうような国家は、もはや国民に忠誠を求める資格のある国家とはいえないのである。そういうことが起きないように気配りをしつづけるのが近代国家というものである。それができない国家は、すでにその外国語を話す外国に、文化的にのみならず、政治的にも奴隷的に従属しているとしか言えないのである。ところが日本は、権力にこびへつらう「文化人」、「有識者」をつかって、大衆が文化に対してヒクツになることを要求している国家なのである。

日常生活の中で、そうした外国語（日本語では漢字・漢語を含む）からとってきた単語や言いまわしを多用し、その知識を欠かせないものとすることは、その言語や文字を知らない人を決定的に不利な立場に置くことになる――だからこそ、その国家の指導的な立場にある役人や文化人は、ゆめゆめ外国のことばの知識を振りまわしてはならないのである。

ところが日本はまったくちがう。明治の新政府になってからは、役人は漢字と漢文調でがちがちに固めた天皇（詔勅）用ことばとそれによる法律で、国民から日常のふつうの日本語をとりあげたし、アメリカ占領後は、戦争中は英語を学ぶことさえ禁止し、本土決戦を命じた人たちが、いそいそとアメリカへ出かけて行って、そこからインセンティブだの何だの、アメリカの政治用語をそのまま持ちかえり、自分の身分証明書としてふりまわしているのである。

国内でこのようなふるまいをしている役人や学者は、外国からいのちからがら助けを求めてたどりついたアジアの人たちに、おぼえやすく、わかりやすく、使いやすい日本語を伝える「愛日本語」人ではあり得ない。かれらは日本語を裏切って、英語の知識の権威をふりかざす、みじめな文化的奴隷である。

こう言うことによって、私が外国語、特に英語を学ぶことを妨害しようとしているのではない。むしろ、外国語を知ることによって、日本語をもっと表現が豊かで、英語にひけをとらない迫力あることばにするために役立てなければ、外国語を学ぶ意味はあまりない。いな、外国語を学ぶ際には、誰にもそのような気持が無意識のうちにはたらいているはずである。こどもたちに対する授業の中でも、それをより意識化させるような工夫が必要であろう。

言文一致運動は言語共同体の造成

日本の近代のはじまり、一九世紀末から二〇世紀はじめにかけて「言文一致」と呼ばれる言語運動が大きな高まりを見せ、二葉亭四迷や山田美妙が、「言文一致」文体で小説を書き始めた。この運動は、漢文や文語体では、読書生活に参加できなかった人たちを、新たに読者層に加えることによって、日本語共同体を堅固で豊かな言語共同体につくりあげようという試みの一つであった。

近代以前の言語生活では、古典語と漢字を使いこなすほんのひとにぎりの支配層と、文字を使わず、ひたすら日常生活語だけで話す大多数の住民との間の分裂が、近代国家となる道をはばんでいた。

この言文一致への努力の過程は、日本だけに特有のものではない。たとえばフランスは近代国家となるために、一七世紀から、官庁用語にラテン語を用いることを罰則をもって禁じ、当時のことばで言えば「フランスの母のことば」（langaige maternel françois 一五三九年のヴィレール゠コトレの勅令にあらわれる用語）で文章を書くよう命じたことが、フランスの言文一致のはじまりであった。

日本の近代は、ラテン語にあたる漢文・漢字を禁ずるどころか、明治時代は、せっかくはじまっていた「民族のことば」すなわちヤマトのことばを見捨てて、ひたすら漢字によって近代の諸制度が必要とする概念をとり入れ、漢字を得意気にふりまわす官僚、時には学者を育てて日本を支配した。この結果何が生じたか、漢字・漢文を知るものとそれを知らないものとの間に深いみぞを設け、近代的な日本語共同体の造成に、永遠の分断のタネを植え込んだのである。

そこから生じたのは、民衆が日本語共同体の主人ではなく、官僚とりわけ官僚学者・御用文化人が、自らの学識を見せびらかせて、外国語・外国の文字＝漢字の知識を絶対として自らの地位を確保した上で、権力の高みから民衆を見くだし、くやしかったら登っておいでおいでと見せびらかす型の文化・教養様式を作ってしまった。今日の大学受験制度も、基本的にはこうした気風を引きついでいる。

つまりフランスをはじめ、近代ヨーロッパとは全く逆の方向をとったのである。フランスが宮廷みずからが主導して、ラテン語、つまり日本で言えば漢字・漢文を追放することによって近代フランス語を確立したのとは全く逆である。

忘れられた、おとなとこどもの言文一致

日本の近代化が漢字をもって行われたこと、このことが他の近代諸国の言語共同体には見られない大きな亀裂を残すことになった。その一つが、おとながこどもを書きことば言語共同体から排除したことである。

こどもとおとなを言語的に引き裂くというのは言語共同体の造成に致命的な損失となる。児童文学という特別な文学空間、ジャンルがあることは理解できる。しかし、いいいいい、こどもには読めない文字を、平気で日常の実用言語に用いているということは他の近代諸言語にはないことである。

私はこどもの時から、『良い子の友』だのと題した、こども専用の雑誌や本は、おとながこどもには教えたくはない真実を除き去ったカスのようなもの、つまりこどものための検閲をへていると思っていたから、こうしたこども本は手にしたくなかった。「教科書」はすべて、こども用に検閲をへているから、にせものの知識を与えるものだと考えて、一度もまじめに教科書を読んだことはない。

じつは、書物のこども用とおとな用のへだたりは、私が考えたほどの陰険なものではなく、漢字・漢文を除けば、それほど大きなものではないと後でわかることになる。こう書いてくると、こどもとおとなの言語上のへだたりは、どこの国だってあるものだと言う人がかならず出てくる。しかし次のような観察もある。

イギリスを児童文学の王国たらしめている第四の条件と私が考えるものは、大人のことばと子どものことばのあいだに、日本語の場合ほど大きな乖離がないということである。

日本では、明治維新後の近代化の波のなかで、民衆の生活のなかで話されつづけてきたことばや、民話・民謡のたぐいが惜しげもなく棄てさられていったし、とくに新しい西洋文明をとり入れるために、オランダ帰りの啓蒙思想家、西周《にしあまね》などがつぎつぎに漢字による造語を行った結果、インテリゲンチアと民衆、大人と子どものあいだのことばの割れ目が、だんだん大きくなっていった。［……］

一方、日本の子どもたちが、いつまでたっても教壇の上から、子どものために嚙みくだかれた、いくらか甘ったるく、いくらか言いきかせるようなスタイルのことばで話しかけられるおはなしに耳をかたむけなければならないのは、まことにあわれ

というほかはない。（高杉一郎「児童文学の王国　イギリス」一九七七『あたたかい人』一五四－一五五　みすず書房　二〇〇九）

いくつもの外国文学に通じていて、すぐれた比較文芸学的な考察を行った人のことばとしてあじわうべく、ここに引いておきたい。

言語共同体の拡大

今日、世界で優勢を誇っている言語は、その言語の本拠地をこえて国外でも学ばれ、多数のファンによって支えられている。これらの国外の学習者たち、いいかえればファンは、多大の努力と時間と金をかけて学ぶのであるから、そこに生まれたから、やむなく運命としてそのことばを用いている、本来の母語話者よりも心ばえのある、その言語にとっては、はるかに貴重な人たちである。

どのような外国語であれ、異国の人が、自分のことばを話してくれると知ったときに示すうれしい驚きと感嘆の念には、こちらが恐縮してしまうほどのものがある。しかし、英語に対しては、決してそのようなことは生じない。外国人であっても英語を話すのは当然なことであり、むしろ、こんなヘタくそな英語しかしゃべれないのか

おぼえ、さしたるなかみもない、世界の水準からみれば二流どころの文章とつきあって、一生それで終わってしまうようなぎせい者にしたくはないからである。その子が変わった子で、どうしてもやりたいと言うのなら、私とても歓迎である。

日本語はたぶん、英語を学ぶよりも一〇倍、いやそれ以上に手間がかかるだろうし、そのわりには「わび」だの「さび」だの、最近にはまた、にわかにはわかりにくい「品格」だの、御隠居さんのひまつぶしには役に立つかもしれない、独特の趣味や作法を含んだ言語である。とにかく投じた金と努力に見あうだけの利益がない、要するに効率が悪いのである。

しかし時には、あの字に引かれてというような変わり者もいるかもしれないが、外国語はこのような変わった趣味の人だけのものではない。

たいていの常識ある人は、こんなひどい、手間ばかりかかって報われないことばなんかやりたいとは思わないだろう。

事実、私が知っている、あるドイツの青年は、日本語をやると言い出したものだから、両親がひどく歎き悲しんで泣き出してしまったという話をしてくれた。

私自身、ほんものの日本人で、後期高齢者になるこの年まで、学校を離れたことがなく、大学院を出てすぐに大学で教えつづけてきた。しかしいまだにジビキを見ないでは、文章が書けない。ジビキとはよく言ったものだ。文字どおり、ジを引くためだけの厚い本だ。こんなひどい言語が世界にあるだろうか。

大学につとめていた頃、私は学生のためにすいせん状というものをよく書かされた。「すい」は推でまだいいかもしれないが、「せん」は読めばわかるが書けない。最近はキカイが自動的に書いてくれるらしいが、それはキカイの力であって、自分の力ではない。

「せん」は時間をかけてジビキを引き、その字とにらめっこしながらやっと「薦」と書き写す。しかしこれは何だ、何でクサカンムリがついているのか、その下のシカ（鹿）とトリ（鳥）をかけあわせたような、できそこないのような字は何だ……とこう考えを深めるひまもなく、とにかく書く、そして次のすいせん状のためにおぼえておこうとする。

しかも、この「せん」の字「薦」はこの時一回だけのもので、他には利用できない。極めて効率の悪い文字である。

このことをある時、NHKテレビでしゃべったら、すぐに投書がきた。「すいせん状」を漢字で書けないような教師はすぐにクビにせよと。これは世界のことばのことをよく知らない極めて日本的な日本人の反応である。

クビにせよとまでは言わなくても、世の中の人は、大学の先生は漢字を沢山知っているはずだのに、この人は欠陥教師だと考える人は決して少なくないし、また漢字の悪口を言う日本人は悪い日本人、非国民だときっと思っている人が大部分だ。私の身近にいる人たちも、あなたはほんとにいい人だ！　ただし一つの点だけを除けば。あんたが漢字の悪口を言うのをやめさえすればねと言う。

漢字民主主義？

どうしてこのような考え方が日本の言語文化を支配しているかと考えてみると、漢字には、人が珍重するそれなりの効用があるからだ。何よりもそれは、日本人の教養を示すてっとり早い方法であり、しかもある点では、知識をしらべるための民主的なテストの方法だからである。

なぜ民主的か――それは少しくらいアタマが悪くても、時間さえかければ漢字はある程度はおぼえることができて、特別の天才を要しないからである。天才は困ったことに、時には民主主義をじゃまするやっかい者である。特別にアタマがよくなくても才能がなくても、漢字の教師ならばできる。つまり、他の点では能力を発揮できない人でも、漢字は時間をかけて力づくでおぼえれば、かなりの程度まで成果が得られるという大衆性がある。漢字博士がいかに多くの人を救っているか、ひまを持てあまし、ほっておけばワルいことをしかねない人を救うのに役立っているかもしれないことは大いに考慮していい点である。

だから多くの人は、数学の教師ができない人でも国語の教師ならできると思う。じっさいにある時、ことばはあまり教えないで、この字を百回書きなさいとこどもに自習を命じておいて、自らは編物か何か内職している女の先生がいて、その先生のことを「百回ばばあ」とこどもたちは呼んだそうである。この話を聞いて、この子たちは造語——ことばづくりの天才だと私は感心してしまった。この子たちは、できそこないの詩人より、真実をずばりと言ってのける、ほんとうの詩人である。

こどもはまた、漢字をおぼえるための記憶術を独特のやり方で考え出す天才である。私は「努力」の「努」がどうしてもおぼえられなかった。すると隣の席の子が「オンナのマタのチカラだよ」と教えてくれた。ちょっとへんだなと思いながら、とにかくおぼえやすいから、今でもこの字をかく時は、心の中で「オンナのマタのチカラ」と呪文のようにとなえながら書いているのに気がつくのである。

今、アタマが悪くても国語の教師はできると言ったが、ほんとうはことばの教師は、できる人とできない人とでは大きな差が出る、おそろしい科目だ。だけど、ことばじゃなくて文字を教えるのは、とりたてて言うほどのアタマも考えもいらないのである――そこには教えかたにもあまり能力の差が出ないから、その点ではことばに弱い教師をまもってくれるので、民主主義的だと言ったのである。

漢字はローマ字に勝てない――英語が入りこんでくるわけ

すいせん状と並んで、大学で書かされるもう一つの書類は「しょうへい状」である。しょうは「招」だとすぐにわかるけれども「へい」の「聘」をすらすらと書ける人はめったにいないのではないか。私はこの字を思い浮かべようと努力して、一度、横浜の中華街でみた食堂のなまえの看板を必死に思い出そうとしてみるのだが、そんなことではかんたんに出てこない。だから、こっちの方は、公式にも「招へい状」と書かれることが多い。この「聘」も、これ以外には使う場がない。こんなことのために、たいせつな時間と神経を使うことに何の意味があろうか。

これらの漢字は、ひらかれた知識に文字のたがをはめて権威にしたことによって、人民を知識から遠ざけ、人の精神をヒクツにし、屈従的にさせる以外に大きな効果はない。そこでエーッめんどうくさい、と勇気をふるって、インヴィテーション・レターなどという英語を使ってしまうことになる。つまり漢字には、日本のわかものを英語に追いやる効果がある。

もっと身近な日常のことで言えば、「今夜 tel します」などと書くのは、「電話」という漢字を書くのがめんどうだからだと思う。漢字がローマ字で書かれる言語、英語には勝てないということが、こうしたささやかな習慣の中にも現れている。

このようにして、皮肉なことだが、漢字は日本語を守ってくれるどころか、逆に漢字の知識の要求が高まれば高まるほど、人々を日本語から遠ざけて英語へと追いやることになる。

よくできた日本語のローマ字略語

この点で私が大いに評価したいのは、NHK、KDDなどの、純日本語のローマ字表記の略語である。すなわち前者は「日本放送協会」の略語であり、後者は「国際電信電話株式会社」の略であって、たいへんわかりやすい。「KKR」はあまりなじみがないかもしれないが、私はその宿をよく利用するから知っている、「国家公務員共済組合連合会」のローマ字略語である。

こうした、英語ではない、日本語のローマ字略語が作られ、普及したのは、戦後、日本語のローマ字表記に人々が親しんだ時代の遺産だろうと思うが、日常生活の中にうまく定着している。これらの例は、日本語にローマ字が適さないなどという意見をしりぞけてくれるものだ。

私が研究しているモンゴル語にも、こうしたモンゴル語のキリール文字、あるいはローマ字略語で、なかなかいいと思っている例を一つあげよう。MONTSAME モンツァメである。

これは MONGOL《モンゴル》 TSAHILGAANY《ツァヒルガーニー》 MEDEE《メデー》——直訳すると「モンゴルの・いなづまの・しらせ」、つまり「モンゴル電信」という通信社の略語である。

この語は英語の辞書、たとえば大冊の『小学館ランダムハウス英和大辞典』にものっていないが、研究社の『リーダーズ英和辞典』には、「モンゴル国営通信」という訳語をつけてのせている。それをのせたのは、この辞書の編集代表だった故松田徳一郎君である。

かれは、この語を辞典にのせるにあたって英語としてはこの語のどこにアクセントをつけたらいいのかを私にたずねてきた。モンゴル語には英語のような強さアクセントがないから私は困った。困った末にモンツァメのツァにアクセントがあることにしようと答えた。松田君は、そのとおりに辞書にのせてくれた。おそらく英語の辞書としてはこの語にアクセントを記したのはこの辞書が世界で最初であり——『ソビエト大百科事典』はこの語を項目にあげているけれどもアクセントは示していない――今後、世界の言語は、このアクセントにならってくれるであろうと思う。

外国人も日本人の前で、率直に、いや私はじつは漢字が苦手で書けないのです、などと言えば、よほどこの人は怠け者でしつけの悪い反逆的な人物だと思われ、また性格まで信頼できないダラクした人物だと評価されてしまうかもしれないから、かれらは自らすすんで、漢字はやっかいだ、無い方がいいなどとは決して言わないのである。それどころか困ったことに、ちょっとだけ日本語をかじっただけにすぎない外国人までが、そうです、その漢字こそが日本語の魅力なのですと言い出すしまつだ。ロシア人にはとくべつ、漢字好きにかたよった人がいる。オンナヘンの漢字を競ったら絶対に負けないというモスクワ大学の学生がいた。それは一種の「芸当」として、本人も見せびらかせていい気持だし、日本人をも感心させるかもしれない。

文法はかえられない

昔、ドイツに留学していた頃、韓国からやってきて、同じようにドイツ語のコースを受けていた私と同じくらいの年の経済学者は、ドイツ語文法に性のちがいさえなければ、また格変化さえなければ、もっと楽に学べるのにとこぼしていた。

ドイツ語の性の区別について言えば、フォークは女性なのに、ナイフは中性、スプーンは男性となっているのはなぜか、こんな理由のない無駄な区別はいらないじゃないかとたいていの人は思うだろう。

といって、この性をやめたり変えたりするわけにはいかないこともわかっている。このような、それぞれの言語が持つ構造上の特性、すなわち文法に、学ぶ方がいろいろと注文をつけることはできない。注文をつけたいなら、そのようなやっかいな区別をとり除いた、別の改良言語を作らねばならないことになる。そこで、エスペラントのような、加工言語の発想が生まれるのである。

エスペラントの制作者ザメンホフは、ポーランド語、イディッシュ語、ロシア語、ドイツ語など、かれがほとんど母語のようにしていた日常言語のほかに、フランス語、イタリア語などロマンス語の知識を加えて、さきほどの韓国の友人が訴えていたような、三つの性の区別や格変化をとり除いて新言語を作った。それがエスペラント語である。

この例から考えると、ドイツ語の文法がむつかしいからと言って、性や格の区別をやめるということは、つまり、ドイツ語とは別の言語を作ることを意味するのである。

ザメンホフは、計画的に、ときには理論的にエスペラントを制作した。それとは反対に、人々が日常的に、自分の母語にあわせてより複雑な言語を単純化して使おうとするときに生まれるのが、ピジン語であり、さらにそれが発展するとクレオール語になる。

近代ロマンス語、すなわちスペイン語、ポルトガル語、イタリア語、フランス語等々は、ローマ帝国の版図の拡大にともなってラテン語がひろまって行った地域で、ラテン語がそれぞれの土地の母語にあわせて単純化して生まれたものであって、それらはすべて、ピジン・クレオール語的起源に根ざす。いわゆる日本式英語も、一種のピジン語である。このあたりのことは、私の『クレオール語と日本語』（岩波書店一九九九）を読んでいただきたい。

文字はかえられる

ある言語をどんなに、外国人に学びやすいように単純化しようとしても、ことばそのものの骨組み、すなわちことばのコルプスを変えることはほとんどできない。ではことばについて何が、どこが変えられるのか。それは文字である。

私はここでちょっとごまかした言い方をわざとした。文字はことばではないからだ。しかし、世間では、あまりにも文字とことばを一体化して受取り、両者は切りはなせないと考えられている。この単純なことを現代人は理解できないほど、現代社会では文字と言語がほとんど同一視されてしまっている。この区別をかんで含めるように説いたのが、ソシュールの『一般言語学講義』である。というよりもこの高度な理論書においてすら、そのように初歩的な共通理解を得るために、本題に入る前に多くのページをさかなければならなかったのである。

オト文字は言語の構造をより明らかにする

私はここ三〇年ほどはテレビをほとんど見ないし、持ってもいない。これは日本の消費活動に不十分にしか参加しないことを白状することになるから言いたくないことだが、そのかわり、ラジオは大変よく聞く。つまり、文字は見ないけれども、ことばそのものはよく聞いていることは言っておかなければならない。

ことばそのものとは、大まかに言って、人が話すときに口から出てくるオトや、ラジオから出してくるオトのつらなりである。このオトのつらなり、オトそのものを最も自然にうつし出そうと思うならば、ローマ字でうつすことである。

もし外国人で、ローマ字をふだん自分のことばで使う人ならば、日本語をゆっくりテープでまわして聞けば、その聞いたオトをローマ字でつづることになるだろう。
ところが日本人にはそうはいかない。日本人はオトはカナでうつすから、子音と母音に分けてうつすことはできない。「カ」というオトは「k」という子音ではじまり、すぐそのあとに「a」という母音が続くのだということを理解するのが、カナになれた日本人にはまず一苦労である。英語にかぎらず、すべての外国語について、日本人は、オトを分析的につかもうとすれば、こうして第一歩からのつまずきが現れる。あとでも述べるが、これが、日本人がローマ字書き日本語を学ぶ効用の一つである。こう言うとすぐに、次のように反論する人がいるだろう。――日本語では子音と母音を分けずに一体として意識することが確立しているのだから、それを分けることが実態に反している、カナで十分なのだと。私もこういう気持のいいタンカを切ってみたいものだ。

ところが、日本語を分析的にみようとするとき、ローマ字書きが日本語人自身にもどんなに多くのことを教えてくれるかを知っておかなければならない。

たとえば爪《ツメ》と摘む《ツマム》とは漢字で書けば一見全く関係のない別の単語のように見えるが、tume tuma-mu と子音、母音にわけてローマ字書きしてみると、両者は下線で示したようにeとaという、たった一つの母音のちがいで区別されることがまず明らかになり、ａで終わるときは動詞だが、ｅになると、その動作と関係のある名詞になるという、いわゆる、ｅ↓ａの母音のいれかわりが大きな文法的役割をしていることがあきらかになる。このたいせつな、日本語にそなわった文法能力を、漢字は別の文字をあてがって分断し、消し去ってしまうのである。

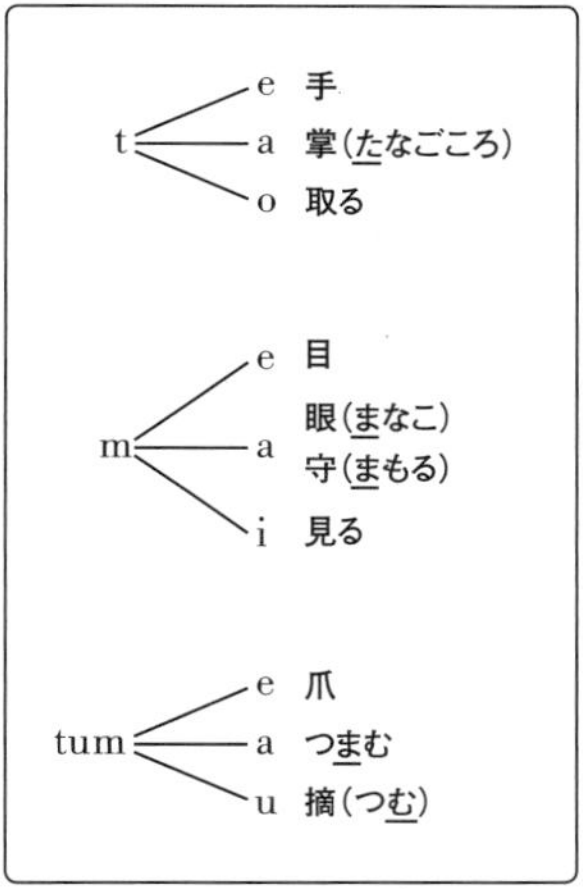

　しかし、日本のカナは子音と母音をひとまとめにしているから、そのなかみが見えない（服部四郎が「漢字が日本語そのものを壊している」〈本書２１９ページ参照〉と言っているのは、このことを指している）とは言え、しかし漢字に比べれば、まだはるかによくオトそのものを露出させている。つめ、つまむを漢字にすれば「爪」、「摘む、撮む、抓む」などと書かれ、このなかで「抓む」と言う字は「爪」との語源的つながりを示しているけれども、「摘む」のどこにも「ツメ（爪）」のかくれている気配がない。

　以上述べてきたこと、すなわち、日本語では、子音をきりはなした母音そのものが、品詞の区別をしたり新しい単語を作る上で、いかに大活躍したか、そのさまをまとめて示しておいた。

ここにわざわざ書き出すこともないくらいすでに多くの人が気づいていることであろうが、古代日本語ではいきいきとはたらいていたこのような原理が、オトをかくしてしまう漢字によって、全く別の単語に切りはなされてしまったか、このことをよく味わっていただきたいのである。

新しいことば仲間のために

すでに述べたように、私は、この言語を学ぼうとすればいろいろ問題があると知りながらも、それを知った上で、とにかく日本語共同体になるべく多くの人に参加してほしいと思う。こうしてできた、日本語にむすばれた同志、日本語なかまとも呼ぶべき人々の関係を、ガーベレンツにならってまことに心あたたまるSprachgenosse《シュプラーハゲノッセ》ということばで呼んでみよう。

この人たちの日本語共同体の参加に私が期待するわけは、日本語を書くにあたって私たちがふだん気がつかない問題、その使いにくさ、不具合を、かれらに指摘してほしいと思うからである。ことばというものは、さまざまな出自のちがう人が参加して使ってみることによって試され、改良されるのであって、独占的、特権的言語エリートが、高みから見おろして命令し、自分の趣味を絶対とし、それに従わせているだけでは発展しないし、活力がなく、ひろまらないのである。言語問題にも、事業仕分けに劣らぬ、多くの仕分け作業が残っているが、政府から任命された仕分け人たちは、ますます事態をわるい方に押しやるばかりである。

そこで日本語共同体の原人である我々には、そこに参入しようと志をたてた新参者が、なるべく日本語、その書きことばを身につけやすいように工夫しておくことが、共同体の安全、したがって自分の利益になる。

すでに述べたように、文法や発音はどんなに改良しようとしても、もはや手のつけようがないから、せめて文字のつづりがわかりやすく、すぐにおぼえられるようにしておかなければならない。この点では、もうすでにあんなにわかりやすく、うまくできているドイツ語の正書法が、さらに改良案を発表し、実行にうつされてから、もう十年にもなる。このようなドイツ語には、ドイツで最も規範的な辞書ドゥーデンがすでに一八七二年に「文字は学者のためならず、全人民のためにある」とたからかに宣言した歴史がある（中山豊「ドゥーデンドイツ語正書法辞典――だれのための正書法か」飯嶋一泰編『ドイツ語辞書の歴史と現在』）。

ヨ本のように、おびただしい漢字をおぼえていることを得意がり、そのこ、つ、た使いかたを見せびらかせていい気になっているときではない。きびしい言語の国際競争の場にさらされて、その学びやすさ、使いやすさがせりにかけられているのである。そうして日本の病院、医療界は、せっかく日本での医療活動に参加したいという、健気《けなげ》であっぱれな、フィリピンやインドネシアからの娘さんたちの前に高い高い漢字の壁を築いて追い払っているのである。こういう国に未来はないであろう。日本の国の未来はほかでもない日本語の発展にかかっているからである。その日本語の手足をしばり、ずっしりと重いよろいをかぶせて身動きできなくさせているのはじつは漢字であることに気づいていい時代がやっと訪れているのである。

日本語は追いつめられている

日本人だけで、日本語だけで話をしている日常生活の中では、日本語が追いつめられていると感じることはあまり無いかもしれない。しかし国際的な場面にのぞむ機会のある人にとっては、その思いは切実である。日本人がいやおうなしに、言語的孤立状態から脱して行くにつれて、その感覚は、ふつうの日本人の生活の中でも、じわじわと感じとられて行くだろう。

一般に、ことばは追いつめられれば追いつめられるほど、その使いよさややさしさよりはむつかしさを売りものにする傾向がある。むつかしいことばを使っている人はそれだけアタマがよく、すぐれているのだと思いたがるからである。だから、「日本語は世界のことばの中でも、たいへんやさしく、学びやすいことばです」というのが、ほめことばにはならない。むしろ、多くの日本人はがっかりしてしまうのである。

私が今から四〇年も前に、岡山大学に言語学科を作った時、教授としてトルコ語の専門家である竹内和夫さんをお呼びしようと提案した。その時、トルコ語は日本語によく似た学びやすいことばですが、それにしても、この言語をこんなに小さな文法書で明快に説明できるのは大変な才能ですと説明したところ、そんな簡単なことばは学問の対象にならないし、そういう研究をしている人は大学にはいらないと、はればれとした調子で述べたのは哲学の先生だった。もう何十年も前のことだとはいえ、このような発言は、日本の知識人が言語に対してどんなにまちがった貧しい考え方にとらわれているかをよくあらわしている。

むつかしい言語はすぐれた言語だとする考えかたからすれば、敬語法がまずあげられるだろう。しかし哲学や自然科学の論文を書くのには、ほとんど無用の知識である。にもかかわらず、こんなにこまやかに人間関係を表す敬語法は守って行かなければならない、ここに日本人の美風がやどっているのだと言って、これも日本語学習本の売りのテーマである。

次には言うまでもなく漢字の知識である。しかもこの知識は単純だから、何字書けたかと知識を点数にできるので、誰にもわかりやすく、学校の試験には欠かせない。教師が試験問題を作る際には、最も頼れる道具である。

それに、たとえば「みる」は、「見る」「視る」「観る」「看る」「診る」など、漢字で書けばその意味をこまかく区別して把握する力を養うことができるではないか。

しかし、「みる」の意味は、漢字でこのように書きわけないと区別できないのだろうか。そうだとすれば、日本人は漢字を使うことによって、はじめて自分の母語を駆使できるようになったことになる。つまり、漢字が入る以前の日本語はまともなことばでなかったということになる。そんなことはありえない。漢字で書くことによって、はじめて一人前のことばになったというのなら、英語なんてどうしたらいいんだろう。

英語の see にも、いろんな意味があって、それをいちいち漢字で説明していたら大変なことになる。

私ははじめて see you again! という英語を知ったときに、これはヘンなことばだと思った。「また、あなたを見ましょう」とは。

また I can't see.「わたしわかりません」とは。

こういうふうに日本語の「みる」、英語の「see」を漢字で解釈するということは、要するに、漢字の意味をおぼえ、この文字をつかいこなすということであって、ことばの勉強ではないのである。

ただ、日本語の「みる」の意味を、英語やいろんな外国語と対照させれば、理解を深める助けになるということはある。しかし英語の see は、それを、いろんな漢字を使ってこまかく区別しないと、英語の see の意味はわからないということではない。では漢字を知らない英語人は、自分の使っていることばの意味を理解していないのかと言えば決してそうではない。

コエを殺す文字

どんなことばでも、それを別の言語と対照させてみるとき、それまで気づかなかったそのことばの特徴が明らかになる。そのような目的から複数の異なる言語、ときには方言どうしを比較対照してみる、「対照言語学」とか「比較意味論」とかそのような分野が生まれるのである。

たとえば、日本語の「みる」を英語の see や look と対照させてみることは、日本語の「みる」の意味を知るにも、英語の see の意味を知るにも有用な作業である。

ここには、文字を介さないとことばの意味をとることができなくなっているという、日本語に特有な、深刻な「文字病」症候群ともいうべき現象が現れている。この文字にとらわれた、文字依存症は、オトに対する徹底的な不感症を生み出す原因になっている。

すでに110ページでみたように、母音を（m）a-,（m）e-,（m）i- などとかえることで、日本語はいろんなことばを作り出すことができることに気づき、日本語がそのような素質をもつことばであるという認識に近づくのである。

だから私は「みる」を書きあらわす漢字がどれだけ多いかを数えるよりも、日本語のオトのはたらきに気づく方が、はるかにことばについて高級な知識だと思うのである。

もう一つ例を出そう。日本には、外から入ってくる前はウマもウシもいない、自然の貧しい国だったが、「水」だけには恵まれていた。だから、「ミ―（ズ）」を語幹としたことばは多い。ミナト（水の戸）、ミナモト（水の元）、ミナギリ（漲）を、「港」、「湊」、「源」、「漲」と漢字で書くと、日本語の大切な語源「ミ」が全く現れず、それぞれが異なる漢字によって分断されてしまう。

じつは日本語の歴史とは、こうしたコエの日本語に漢字をあてがって、意味を目で見るものに変え、コエなしの文字で固定する過程だった。つまりもともと日本語にそなわっていた、自力でことばを生み出して行く体系《システム》の力をずたずたに切り裂き、破壊してしまったのである。

こう見てくると、漢字が日本語の生きた声を殺す道具であることがわかる。日本は、自分の御先祖様をたいせつにする文化だというが、私はそれを信じない。むしろ、漢字を身につけさえすればどんどん出世できると考えたさもしい人たちが、それと引きかえに、日本のいのち、日本語のネッコを枯らしてしまったのだと思う。知識人や学者や、とりわけ文字を書いて出世し、権力の座についている人を信じてはならないことは今も同じである。

正しい道は、文字というこの必要悪を通して、日本語の語源の道へと、文字を、いつも声になおしながらことばを作ってきた人々のこころのはたらきを思わなくてはならない。

第三章　漢字についての文明論的考察

「漢字文化圏」論

「漢字文化圏」という、いまでは誰でもが気軽につかうこのことばを誰が、いつ思いついたのだろうか。一般に、漢字をいくつかつらねてことばをつくるともっともらしく見え、それがずっと以前からあったかのように思わせる効果があるけれども、思いのほか、新しい時代につくられたことが多い。たとえば「国語」だが、これが日本語の中に登場するのは明治二〇年頃、一八八〇年代なかばになってからであり、一種の新語、しゃれて言えば新漢語《ネオ》だったのである。では「漢字文化圏」のほうはどうだろうか。それを作ったのは私だというのが亀井孝である。そう聞いたのは一九六〇年代のはじめ頃だったと思う。

新しい用語が生まれたときには、それぞれ固有の動機があるのに、皆が思い思いのやり方で気軽に使うので困る、といったようなコンテキストだったように思う。

こういう点で私が最近大変気になっている漢字語に「天敵」というのがある。その用例はこうである。新聞に「白鵬、天敵退治」の見出しで、読んで行くと、同じモンゴル出身で、年齢も同じ安馬《あま》（いまは日馬富士《はるまふじ》）が、いまでは「天敵になってしまった」というのである（朝日新聞　二〇〇八・三・二〇朝刊）。

　このような用法は、注意してみるといたるところに見られる。しかし、私が中学生のころ、つまりいまより六〇年ほど前に、理科の教科書に出てくる用法では、はたけの野菜などにつく害虫を駆除するのに、殺虫剤などを使わず、自然の昆虫などを使って退治させるという方法をとったとする。そうすると、害虫にとって、そこに導入される退治役のムシは「天敵」になる。そのような用法は、「赤いアブラムシは天敵のテントウムシに食べられやす」いのだが、このアブラムシは体内に共生する細菌を利用して緑色に変わる。こうしておけばテントウムシに食べられずにすむというアメリカの科学雑誌の記事を紹介していた（朝日新聞　二〇一〇・一二・七朝刊）。これが「天敵」の本来の用法であろう。

　私の理解では、この「天」は「天然《てんねん》」の「天」を略してとったものだ。当時は「美しき天然」という唱歌があったり、戦後すぐにアメリカから入ってきて、日本人をびっくりさせた色つき映画は、「総天然色映画」というふうに言ったものだ。ここで言う「天然」はちょっと古めかしい感じがともなっているけれども、いまで言う「自然」にあたるものだろう。いつの頃からか、「天然」から「自然」への言いかえが起きた。だから、この「天然」は、「自然」と言う以前の古い言いかただから、「天敵」も古い時代のことばだということがわかる。

ではいつ頃から「天然」に「自然」がとってかわるようになったかといえば、進化論の用語 natural selection を、「天然淘汰」ではなくて「自然淘汰」と訳した頃からだと私は思っている。そしてこの「自然淘汰」は明治一四年の『哲学字彙』から現れるらしい（飛田良文・惣郷正明編『明治のことば辞典』）。

このように、自然界の動植物のことが、対立する人間同士の関係を指すようになってしまったのはなぜか。それはたとえば「不倶戴天《ふぐたいてん》」の敵という表現があって、その影響からかと思う。

明治のはじめには、漢語そのものの中でも新旧交代のものすごいたたかいがあって、いまのような結果になったのである。

私はかつて、いまでは「国際」と言うところを、その前は「万国」と言っており、今日の「国際公法」は、まず「万国公法」と翻訳されていたことを書いたことがある（「『国際』の政治的意味論」『立命館言語文化研究』一巻一号 一九八九・一二）。

またUPUと略称される「万国郵便連合」（日本は一八七七年に加入）というのがあって、それはフランス語のUnion《ユニオン》 postale《ポスタル》 universelle《ユニヴエルセル》の訳語であるが、これも、今なら「国際」と訳されるであろう。だからこの「万国」は古い、フランス語がまだ国際語だった時代を思わせる。「万国博」も同様である。

このあたり、近代日本語の激変の時代のことを、日本の国語学者はもっと研究してほしい。

話をもとにもどそう。私は、「漢字文化圏」が亀井孝先生の発案になることばだと御本人から聞いたとき、ほんとうにそうかなと思うとともに、それはポジティブにか、ネガティブにか、どっちの意味で考えられたのですかと聞くべきだったと、いま気がついている。いっぽう、言語学、国語学の分野で、「漢字文化圏」をよく口にしたのが大野晋さんである。それは、もちろんポジティブな（前向きで良い）こととして使われていた。

ところでその頃、亀井孝は驚くべき執念で『日本語の歴史』全七巻（平凡社）の執筆にとりくんでいた。執筆といっても、実際にそれぞれの担当の部分を書いた人たちは、河野六郎、築島裕、山田俊雄、柴田武、徳永康元、村山七郎というような、それぞれの方面でそうそうたる専門家たちであったが――私もごく一部分だが参加した

——亀井先生は、その原稿を、すべて自分の好みの文体で統一したのである。もちろん御自身も著者としてではなく、執筆者の一人として名があげられているだけだが。だからこの全七巻には著者の名がない。

当時私は大学院生だったが、亀井孝というのは何てひどい人だ、そしてこれらの執筆者は、よくもこのようなわがままな提案を受け入れて執筆に応じたものだと驚いたものである。

日本は漢字文化圏の行きどまり

いまあらためてこの本を見かえしてみると、たしかに亀井先生が言うとおり、この語は〈漢字文化圏〉というふうに引用符つきで、つまり特に注目すべき新語であるという強調をともなって登場し、第二巻「文字とのめぐりあい」全巻は、ほぼ、日本語がはじめて漢字という文字と出会い、そこから仮名を生み出していく過程を描くのにあてられている。そして、〈漢字文化圏〉は「日本を最終の局限とし」、「幾世紀かののちに、西欧文化との接触がはじまるまで」日本を「最後の実験室」として、その波動は「日本からさらに先へすすむということ」がなかったと述べている（三〇二）。

私は、いま読みかえしてみて、「最終の」、「最後の」が強調されていることに大変興味をおぼえる。漢字の普及は日本が終点で、もはやその先へはすすまなかったと強調しているという意味で。

「幾世紀かののちに、」というのは、一六世紀半ば、フランシスコ・ザビエルが鹿児島に上陸して、キリスト教の伝道がはじまったことを指している。その時以来その布教圏では、漢字ではなく、ポルトガル式のローマ字で日本語が表記されることになったのである。亀井先生は、「もし九州の一角にローマ字で日本語が表記される伝統が根づいていれば、漢字文化圏とは異なる日本語が誕生していたかもしれない」と、時につぶやくように言われたものである。

つまり、亀井孝の「漢字文化圏」には、それと対抗するローマ字文化圏との強い緊張関係が含意されていたのである。言いかえれば、多くの人がそう思い込んでいるように、漢字は決して日本語と必然の結びつきを持っているのではなく、たまたま、他に方法がなかったから取り入れたまでだという、相対化された上での漢字なのであった。

「漢字文化圏」ということばが生まれ、愛用されるようになった背景を私なりに考えてみると、ヨーロッパ諸語、とりわけ英語の日本語を襲う圧倒的な力に対して、漢字はそうでない弱小なアジアの諸言語が抵抗するときの拠りどころになれるかもしれないという期待がもとになっていたのではないかと思う。それの意味するところは、漢字の知識とそれによる古典の教養を共有することによる共通文化圏であるとともに、実用的には相手の言語を知らずともやりとりのできる「筆談交流文化圏」である。

漢字文化圏からの離脱の歴史

だがこの漢字文化圏は亀井孝が言うように、「日本を最終の局限」とし、「最後の実験室」として、「日本からさらに先へすすむ」ことはなかったのである。つまり、日本は漢字文化圏の行きどまりの役目をはたしたのである。そして、これ以後、新しい参入者を得ることはなかったし、今後も決して起こりえないであろう。どこかの新しい新興国家が、これは便利だからといって、自分の言語を書くために漢字をとり入れたというようなことは、日本を最後として、歴史上起こったことがない。事実はその逆である。すなわち漢字文化圏の歴史とは、それからの脱落、脱退の歴史である。まずヴェトナムが脱落し、次には朝鮮語が、世紀をこえて漢字地獄から脱出するための格闘のさなかにある――いずれも民族語文化独立のための、果敢で英雄的なたたかいの歴史である。

進化する本家の漢字

さて、日本人が愛用する「漢字文化圏」という、ちょっと、ほのぼのと心をなぐさめてくれそうなことばは、漢字の本家であり、漢字を深刻に悩む中国にとってもそうであろうか。漢字の悩みを悩みぬき、漢字との苦戦を続ける中国にとって、たしかになぐさめにはなるかもしれないと想像するのは日本側であって、ほんとうは、あくまで真実をくもらせた上でのことだと知っているのは中国のはずである。

このなぐさめは、中国にとっては時としてありがためいわくである。たとえば、略字を作るさいに、その方式を統一しようではないかという、度重なる日本の、もの知り顔の教養人たちからの提案である。この日本のもの知り顔たちの大部分は、一度も中国語を学んだことがなく、漢字のかたちを目だけでながめている人たちである。

日本人が北京の空港におりたって、まず目につく看板の一つが「飞机場」である。まず最初の字「飞」は「飛」であって、この字は見なれない人にはずいぶん間抜けた感じがするけれども、「略字」だと言われればなっとくし、次には使ってみると、便利この上ないことがわかる。

「飛」の字は、私はときどき書けなくなる。ヨーロッパに長くいて、二ヵ月もずっと漢字を見ず、書かずにいると、この文字はまったく書けなくなる。私はそれをイタリアで経験した。古い話になるが、一九六五年頃フィレンツェのメディチ家の研究をしていた清水広一郎と二人で、リミニの海岸にすわりながら、二人ともこの字をいっしょうけんめい思い出そうとした。その時、思い出しの手がかりにしたのは、将棋の駒に書かれた字だったのだが、それでもうまく行かなかった。

「飞」はまだいいとして、日本人が最もとまどうのは「机」が、「機」の略字であることだ。略字というのは便宜のためにそう呼んだのであって、中国では、そんな失礼な言い方はしない。簡体字と呼ぶ。

なぜ「机」が「機」なのか。これは中国語を知っている人にとっては言わずもがなのことなのだ。「機」の発音は「チー」、ピンイン（中国語用のローマ字表記）ではji、トーマス・ウェイド式だとchiである。それは、「机」と同じ発音だから、「机」で兼ねたのである。

これは、日本語でたとえてみれば、戦後しばらく、「機械」と書くところを簡便に「杆械」としたのに似ている。なぜかといえば、日本語で右側をキというオトで示したのと全く同様に、中国語も「機」と同じオトの右側「幾」を「几」という字に置きかえたのである。

次に、日本ではあたまのかたい文筆家などが、頑として譲らない、これがなければ文学がなくなってしまうとさえ、あがめたてまつっている「文藝」の「藝」の字を、私は書けないし、まったく書こうという気にならない。もしこどもが「ぶんげい」と書いたら、その子は「文芸」の意味を理解していないことになるのだろうか。

この「芸」は、どのようにしてできたのか、そのいわれを知らないし、知ろうとも思わないが、たぶん「藝」の上下をとって、まん中を略したのだろう。つまり中抜き略字だ。中国では「艺」と書く。そのわけは、「乙」が「藝」と同じオトyiを表すので、それを代表したのである。この字の略しかたは、日本と中国ではまったくちがう、一方は「かたち略し」で、もう一方は「オト略し」である。

最近は、日本の大学の外国語の選択で、中国語をやる学生が圧倒的に増えて、仏独露語などを押しのけ、これらヨーロッパ語の教養は日本の大学からほとんど消え去ろうとしていると聞く。動機が、遠くへの、作られたあこがれよりは身近なところへ帰ってきたというのなら健全でいいけれども、じつのところは、文法のやっかいなヨーロッパ諸語より楽に学べるというところにあるようだ。しかもゼロから学ぶのではなく、文字はかなりの部分を知っている――これこそ、まさに日本が漢字文化圏にあることのめぐみではないか。

しかし、学生たちがせっかく学んだ中国語の知識や経験が、日本語をふりかえってみる動機にはあまりなっていないらしいのは残念なことだ。

それよりももっと嘆かわしいのは、文藝の「藝」にこだわる漢字好きの物書きたちが、そもそも漢字の祖国、中国語をほとんど学んだことがなく、漢字以外に文字がないという言語の現実の中で、人々が漢字とどんなに苦闘しているかを知ろうという努力をほとんどしないということだ。じつは、中国が漢字を相手にどのように苦しんできたかは、この言語を実際にやってみてはじめてわかることなのだ。

中国語知らずの漢字統一主義者

中国語にとどまらず、日本の作家で、外国語でもどんどん話し、ある程度は書いてみるという人を私はほとんど知らない。ゲーテは、「外国語を知らない者は、自分のことばもよく知らない」と言ったが、この教訓が日本で生きていないのはなぜだろうか。私の知っている日本の作家たちは、大学でたとえば露文科や仏文科を出ていても、ほとんど外国語はだめだ。かれらはいったい授業に出ていたのだろうか。私だったら卒業させたくなかった種類の学生たちだ。といって、外国語のできる人は翻訳家になってしまい、翻訳に熱中すればするほど創作ができなくなってしまうという、不幸な原理によるのかもしれないと私はときどき思う。これは学者でも同様で、西洋の学問をやる人には翻訳という仕事が欠かせないのだが、じつはそれをやっているうちに、自立した研究の姿勢を失ってしまうという、多くの不幸な例が身のまわりに満ち満ちている。

私は、日本人にとって有意義な外国語学習は、その経験が日本語を豊かにするために、とりわけ日本語による創作活動によって、新しい日本語のために還元されることだと思っているのだが。

以上のこと、中国の漢字改革を考えてみると、いま「漢字文化圏」をたたえている人たちの発言というのは、かなり化石化した漢字の表現にしばりつけられていて身うごきならず、生きた漢字・漢語の現実にまったく気づいてない、不勉強、怠け者の古くさいアタマから出てきたものにすぎないと推定しているのである。

漢字、――それはことばそのものと全く同様に、現実に生きて使っている人間のためにあるのであって、人間が漢字のためにあるのではない。漢字は、文字である以上、言語を越えるものではなく、文字の方が、その言語のために、自らを変えて行くべきものだ――という原則を知っておかねばならない。

中国の漢字はこれからもどんどん独自の発展をとげて行くだろう。その時に、日本の漢字信仰者のために多少でも気兼ねして、変化を思いとどまってくれるなんてことはない。中国の漢字は漢字文化圏のためのものではないし、ましてや日本人のためのものでもない。日々の切実な言語問題とたたかっている中华（華）人のためのものだから（ちなみに華《カ》がなぜ华《カ》に化けるか——進化するか——は中国語をあまり知らない日本人にもすぐにわかるだろう）。

こうして考えてくると、私は次のように思う。中国はさらにさらに漢字改革をすすめるにちがいない。そうして、条件が熟せばかなりの範囲でピンイン（拼音）表記にすすんで行くだろうと。

ピンイン表記に人々がなれれば、いったんなれた人たちはもはや漢字にはもどって来ないだろう。——ピンイン化にともない、漢字がしりぞくスピードは、いったんはじまったら、なだれを打ったように加速するだろう。それは日本の例からも簡単におしはかることができる。

日本でも——メールならばいざしらず、手書きのメモなら、「今夜telします」の方が「今夜、電話します」よりも、優勢になっている。私のみならず、多くの人にとって、「電」はもはや手間のかかって書きにくい文字なのだ。だから中国では上の「雨」をはずして、下だけ残した「电」の方が、電よりは断然強い。日本語にもとり入れたいくらいだ。ついでにぜひとり入れたいのは「漢字」の現代漢字「汉字」そのものだ。私が決して中国に媚びてそうする人間ではないことは、ここまで読んでくださった読者にはあきらかだと思う。

そうして気がついたら、日本語だけに漢字が残って、それのみならず人はさまざまな読み方を漢字につけて、これはどうお読みしたらいいんでしょうかと、ばかばかしくもむだな時間を過ごしながら、日本語って味わいのあるいいことばですねなどとなぐさめあうだろう。そうして、大したこともない味わいだけが残って、中味のないことばにしがみついているうちに日本語は静かに自滅への道をたどるだろう。最近、週刊誌の広告で「被害届を躊躇わせた」云々などとあるのを見て、これはひどいと思った。これはたぶん気のきくキカイが自動的に書いてくれたからであって、この週刊誌を作った人が、いつも自分でそう書いているのではないだろう。

これも、新聞のインタビュー記事の中でだが、その人が「私は『なぜ』を放っておけないタイプ」だと話したというのだが（朝日新聞　二〇一〇・一二・二〇夕刊）、話した人は漢字で話したのではないから、勝手にこう書いたのは新聞記者のわがままだろう。私ははじめ、「ハナっておけない」と読んでおかしいと感じてから、やっと、別の読みかたに切りかえたのだが。

日本はこれからもずっと、国会で総理大臣に漢字の読み方をテストしたり、四字熟語の意味をたずねて国語の試験をやって時間つぶしをしてもらうために、議員に高額な手当てを払って養いつづけるだろう。国会の中で漢語テストをやりあう、何という教養の高い文化国家だろう。ニッポン語バンザイ！

漢字に支配されなかった周辺諸族

日本人がこれほど執着し、愛してやまない漢字、ひとたびその魅力のとりこになってしまったら最後、もはや麻薬のように、離れることのできない漢字である。しかし、地球上のどこでもそうだったわけではない。

とりわけ、常に漢族、漢字文明と直接に密着し、ときには一体化してしまいそうな非漢諸族は、自ら政治的集合体を形成するやいなや、漢字ときっぱり手を切って漢字を拒否し、自らの文字を作るのが、例外なく、それら非漢諸族の習性であった。いな、それ以上に本能だったと言ってもいい。

まず六世紀から八世紀にかけて活躍した「突厥」である。この民族の名は、ほぼ「テュルク」というふうに発音されていたもとのオトを、この異様な印象を与える文字で写した。それを日本人はいまの日本の漢字の読みかたで読んだために、「トッケツ」（或いは学識のある人は、トックツと読めという）という、似ても似つかない名になってしまった。

この文字で書かれた碑文を最初に発見して学界に知らせたのはヤドリンツェフというロシア人で、一八八九年にモンゴル北部のオルホン河畔で（キョル・テギン碑文）、次いで一八九一年にモンゴルの中部から南に寄ったオギー湖畔で発見された。この湖は、日本の研究ではオンギンと記されているけれども、昨年現地に行ってたしかめたところ、オギーであった。ヤドリンツェフは、シベリアはロシアから独立すべきだという思想を抱いたために、何年も流刑にされた血の気の多い人だったが、こうした学術的な貢献によっても名をとどめている。かれ自身はこの文字の解読には手を染めなかった。

それを解読したのはデンマークの言語学者ウィルヘルム・トムセンで、一八九三年のことであった。トムセンは、泉井久之助氏の訳によって、かつて日本でもよく読まれた『言語学史』（弘文堂書房　一九三七）の著者としても知られる。刻まれている

「突厥文字」は漢字のように表意ではなく、オトを表す文字である。そして、トムセンの解読によってこの文字で書かれた言語は今日のトルコ語に親縁の言語、あえて言うならば、今日のトルコ語がそこから由来する古い形であることがわかった。

モンゴルの西北方に位置するロシア連邦のトゥバ共和国には、いくつもの突厥碑文や、その時代の石人像が残されていて、一九九三年、私がはじめてトゥバに招待されたのは、トムセンがこの文字を解読してから百周年を祝って行われた記念シンポジウムのためであった。

これらの碑文がたてられたのはほぼ八世紀のはじめであって、その後かれらの一部はユーラシアを西へ西へと進んでアナトリア半島に入り、今日のトルコ民族となったのである。トルコ人は今日、トゥバにも入り、半ば野宿のような生活をしながらトルコ語普及のための学校をたてている。ことばへの情熱とはこういうことだ。トゥバ語はトルコ語のなかまであり、カザフ、キルギス、ウズベク、タタール語など、その他多くの言語とともにテュルク諸語としてまとめられるが、それら言語のすべてがこの突厥碑文に記された言語から由来している。今日トルコ人は、これらの言語の話し手に、それらのうち、最有力なトルコ語を教えて、言語的一体性を確立したいと思っている。かれらが言語に示す情熱は並たいていのものではない。

次に契丹のばあいである。これは日本式漢字の読みではキッタンであるが、さきのトッケツ碑文にはキタンというオトで登場する。

今日ヨーロッパ諸語では中国のことを「チャイナ」「チーノ」（イタリア語）「シーヌ」（フランス語）など「シナ」に類する表記のオトで呼ぶところを、ロシア語が「キタイ」と呼ぶのは、この「キタン」を、ウイグル、タタールなどテュルク諸語を通じて採用したからである。モンゴル人が今日でも中国（人）のことをキタッド、あるいはヒャタッドと呼ぶのは、この契丹を指した名である。ロシア語に「中国・シナ」の意味で入るほどその名のとどろいた有名な民族であり、一〇～一二世紀に遼《リアオ》という王朝をたてたことで知られている。かれらは九二〇年に自前の文字を作り、それは契丹文字と呼ばれている。今の研究段階ではモンゴル語に近い言語とされ、モンゴル語の知識を手がかりに解読の努力がなされてきたがまだ完全には読めたと言えないらしい。この文字は漢字に似ているが漢字ではない。

次には西夏（タングート）である。かれらもまた一一世紀に独自の文字を作り、日本では西夏文字と呼ばれている。西夏文字の資料蒐集につくしたのは石浜純太郎であり、そのすすめによって解読につくした人としてソビエトのニコライ・ネフスキーが知られている。ネフスキーは小樽高商や大阪外国語学校でロシア語を教えながらアイヌや沖縄の文化を研究していたが、一九二九年にレニングラード大学の日本語科の教授に迎えられてソ連に帰り、一九三七年に日本のスパイとして捕らえられ、殺された。たぶん祖国のためにつくそうと思って、あえて帰国したのだろう。その後、解読を大いにすすめたのは京都大学の西田龍雄であり、その研究によれば、西夏文字の原理は、漢字に似た偏や冠にオトを表わす要素を組みあわせた表意文字であるらしい。このことは大変興味ぶかい。なぜなら、意味を表すためなら、漢字をそのまま用いればいいのに、わざわざ苦労して自前の文字を作ったことである。

ちなみに、西夏文字の文献は、敦煌の仏教遺跡から多数発見され、井上靖の小説『敦煌』は、西夏文字がつくられた頃のことをテーマにしている。

さらにまた女真である。これはジュシエンという民族名のオトを漢字で写しただけであって、オンナともマコトとも関係はない。トゥングース系の民族で、これがやがてマンジュ（満洲）族となり、清王朝をたてた。

かれらもまた一二世紀のはじめに、女真文字を作った。それらについてはいくつもの研究があるが、私のてもとにあるのは、一八九六年にドイツ人のG・グルーベが書いた Die Sprache und Schrift der Jučen を一九四一年に天津で刊行した複写本である。

グルーベに続いて日本人も大いに女真語の研究をした。石田幹之助とか、長田夏樹という人たちである。その研究は、満洲＝ツングース語の起源と発展の解明に資するのみならず、モンゴル語とツングース語の関係の解明にも役立つからである。

これら東、中央アジア古代民族と言語の研究は、日本では戦前からの長い誇るべき研究の伝統があったが、戦後も、私が学生であった一九五〇年代には何人もの有為な学徒が熱心に研究していた。私も門前の小僧として、その研究を日常的に耳にしていたけれども、他に強く関心をかきたてる対象があったから、自らその研究に深入りしようとはしなかった。

それにもかかわらず、また、一つ一つの民族についてのこまごまとした知識はともかくとして、たいせつなこととして心にとめておかねばならないのは、これら「漢字文化圏」に密接し、あるいはその中にとり込まれてほとんど一体化しかけていた諸民族が、結局は漢字の使用を断固拒否して、わざわざ自前の文字を作ったことである。それはなぜだろうか。なぜ日本人のように漢字の前にひれ伏して、それを押しいただかなかったのだろうか。

ある人は言うだろう。これら未開の蒙昧な民族は、かれらの知的能力が低いために、漢字を使いこなすことができなかったからだと。別の言いかたをすれば、これら

(1)

š m l^1 o b^1　ä $ď^2$ i r^2 ŋ t^2　g^2 t^2 i r^2 ŋ t^2

n^1 g^1 k^1　ä g^2 l^2 i b^2　k r^2 ü t^2

m^1 t^1 r^1 l o　ä k^2 $ď^2$ ö u b^1

(2)

t^2 ŋ r^2 i t^2 g^2	:	t^2 ŋ r^2 i $ď^2$ ä	:	b^1 o l^1 m š
天のような		天に		成った
t^2 ü r^2 k	:	b^2 i l^2 g^2 ä	:	k^1 g^1 n^1
テュルクの		ビルゲ		カガン
b^1 u ö d^2 k^2 ä		o l r^1 t^1 m^1		
このとき（今）		即位した（私は）		

の民族は、漢字を生みだした高い文明のレベルに達していなかったから受けつけなかったのだろうと。しかしそうでなかったことは、漢字には見向きもしなかった突厥文字が、その言語の音韻体系によく合った、すぐれた組織をもっていたことを見ればよくわかる。

特に突厥文字の原理について

ここで、漢字の影響を全く受けずに、独自の文字体系を作り出した突厥碑文の文字については、やはり述べておかなければならない。それは形が独得であるだけでなく、原理そのものが東アジアでは他に見られない独自なものだからである。

右にかかげたのは、モンゴルのオルホン河畔で発見されたキョル・テギンの碑文（闕特勤　七三二年建立）である。このテキストは右から左に綴られていて、それをアルファベート文字で一つ一つ置きかえてみると（1）のようになる。

これでは読みにくいから、アルファベート翻字を左から右に並べかえると（2）のようになる。

この文字の特徴は、同じ一つの子音に二つの文字があることである。たとえば𐱃（t^1）と𐱅（t^2）、𐰺（r^1）と𐰼（r^2）のように。アルファベートの右肩に「1」と印をつけておいた子音は、「後（あるいは奥）よりの母音」（a o u）と結びつくときの文字であり、「2」は「前よりの母音」（ä ö ü）と結びつくときの文字である。

古代日本語を漢字で写すばあいにもまた、このように、そのオトのちがいを示すために漢字を使いわけた。

たとえば、今日では「つき」（月）のきと「ゆき」（雪）のきとは同じように発音され、同じオトの単位（言語学では「音素」「フォネーム」「音韻」などと呼ぶ）と意識されているが、万葉の時代は、別のオト（音素）であった。だから、「雪」のきを表わした漢字、「伎」「企」「枳」などは、「月」のきには決して用いられず、逆に「月」のきを表わす漢字「紀」「寄」などは絶対に「雪」のきを表わすのには使われなかった。この使いわけは、「上代特殊仮名遣い」と呼ばれ、橋本進吉によって集大成された（『古代国語の音韻に就いて』岩波文庫）。このちがいは、kに続く母音（この場合はi）のちがいにもとづくものとして、甲類のイ（i）、乙類のイ（ï）というふうに呼ばれた。このように、現代日本語では一つである母音が、古代には二つの別の母音であったと考えられるものには、イのほかに、エとオにもあったことが明らかになった。だから、「コ」（子）は「古」であらわしたけれども、ココロ（心）のコは「古」ではなく、「許」で書かれていたのである。

以上、日本語の歴史にくわしい人にはよく知られた知識であって、日本の国語学では、この二つの母音のちがいを、それぞれ甲類のイ、乙類のイなどと呼んでいるのであるが、この突厥碑文の研究では、日本語にたとえれば、いわば甲類の母音と結びつく子音の右肩に1をつけてt^1、乙類の母音に先だつ子音には2をつけてt^2などと区別したのであって、このことから突厥碑文語と奈良時代の日本語とは同じような母音組織の構造をもっていたと推定されるのである。

そして、突厥碑文に出てくるある単語が1の系列の母音ではじまれば、続く子音字にはすべて1の類が続いて現れ、2ではじまれば、続く子音はすべて2類の子音であることに気づかれるであろう(buödkä は bu と ödkä の合成語だから、この規則にしたがわない)。

ウラル＝アルタイ諸語を特徴づける母音調和

このように、一つの単語は同じ類の母音からなっており、別の類の母音とは共存しない現象を、アルタイ語言語学では「母音調和」と呼んでいるのである。モンゴル語学の伝統では、甲類、乙類などとは言わないで、男性母音、女性母音と呼んでいるけれども、このような音韻現象はウラル語についてもアルタイ語についても同じ方法で扱うことができるのである。

また六、七世紀ころの日本語が、そのような母音体系をもっていたという、このたいせつな知識は学校で教えられることはめったにない。漢字をどれだけたくさんおぼえているかを競いあうよりも、日本語をさかのぼって知るためには、そしてまた、古代日本語の音韻組織がいかに精妙にできていたかを知るためには、はるかに大切な知識である。私は高等学校の国語の授業でこの話を、たいへん感銘をもって聞いた。この話をしてくれた教師は、退職後、共産党の機関誌「赤旗」の記者となり、北京に駐在していたが、帰国の際に空港で、中国の当局から、足蹴にされ、ひどくなぐられたとニュースで見て、何てことだと思った。

この場を利用して、日本語の辞書がどんなに高い水準にあり、古代日本語の母音組織についての研究成果をきちんと取りこんでいることを示すために、大野晋さんたちが作った『岩波古語辞典』をあげておかねばならない。そこでは、それぞれの単語に、わかったはんいで母音の甲類、乙類のちがいが示してあるからである。時には大胆すぎる記述が見られるかもしれないが、あたりさわりのないかわりに、何も問題提起しない辞書よりはよほど有益なのである。

この問題は、ほんとうはもっとこまかくていねいに扱ってみる必要があるかもしれないが、私はたとえば、西夏文字のことと考えあわせて見れば十分だと思う。かれらが作ったのは自らの言語のオトを表わすオト文字ではなく、表意文字であり、つまり、漢字と同じ原理の文字をわざわざ作ったのである。それは自らの独自性、アイデンティティの象徴的主張に過ぎなかったのだろうかと。

いや、そうではない。漢字のおそろしい力、うっかりすると、漢字を使ったら最後、自らの言語が呑み込まれ、失われてしまうかもしれないということを直感的に知っていたからではないかと思う。漢字を使ったら最後、徹底的な訓読みを維持しつづけでもしないかぎり、自らの言語は消えてしまい、それは民族の消失につながるからである。

以上、紹介した、突厥文字、契丹文字、女真文字、西夏文字など、漢字を拒否して独自の文字を発明した民族は、その後姿を消してしまい、おそらくかなりの部分が、漢族の中に吸収されてしまったのであろう。それらが使用された期間は、数百年か、あるいは西夏文字のように、その王朝が消滅するとともに文字も使われなくなってしまったために、わずか百年の生存しかないものもある。しかし自ら発明した文字ではないけれども、当初から漢字を使わず、他の民族の文字を採用し、それを今日まで使いつづけている民族がある。それらの文字を古い順に言えば、チベット文字、ウイグル文字、モンゴル文字である。

チベット文字とモンゴル文字

チベット文字は七世紀に、吐蕃《とばん》（ここでも異様な印象を与える文字が用いられているが、決して食べたものも吐《は》き出すヤバン人という意味ではない。それは単にtubodというオトを写したものと考えられる。すなわち、この民族の名が、今日チベットと呼ばれる地域と地名を残したのである）の王、ソンツェンガンポが、サンスクリト語の仏典を翻訳するために、大臣のトンミ・サンボータをインドに派遣して作らせたもので、北インドのグプタ文字をもとに作らせたものと言われる。

チベット人は、そのときから今まで、切れ目なくこの文字を読みつづけ、書きつづけてきたのである。この文字は漢字のようではなく、自らの民族の母語のオトを表したから、民族語の確立に多大の貢献をなした。もし、日本のように、お経、すなわち仏教経典が漢字で書かれ、それをチンプンカンプンのシナのオトで読んでいたら、漢文とははっきり区別されるチベット語は確立されなかったであろうし、チベット民族そのものも消滅していたかもしれないのである。

次はウイグル文字である。ウイグル文字はシリア文字に直接の起源があるから、ギリシャ文字など、ヨーロッパのアルファベート文字とより近い関係にある。ウイグル文字もやはり仏典の翻訳を記すために用いられた。ただし、元来横書きであったのを縦書きにしたのは漢文の影響があったからかもしれない。

ウイグル語による仏典研究は我が国では厖大な蓄積があり、この点では庄垣内《しょうがいと》正弘さんの仕事をあげておかねばならない。私は、ロシアにいるモンガイトという、リトアニア系の学者の名と似ているので、もしかして日本人ではないかもしれないと思っていたこの人から贈られてくる、圧倒されるような大量の研究を知っているだけである。

ウイグル人の言語は、突厥と同様に、今日のトルコ語の祖型の一つをなすものだが、たいせつなことは、かれらもウイグル文字を使いつづけ、決して漢字をとり入れるようなことはしなかったことだ。

ここで特別に注意しておかねばならないのは、中国の新疆・ウイグル自治区で用いられている現代ウイグル語の文字のことだ。かれらはイスラム教徒になったから、右から左へと横書きするアラビア文字を用いている。

さて、ではウイグル文字はウイグル王朝の滅亡によって使われなくなったのだろうか。そうではない。チンギス・ハーン時代のモンゴルが採用したのである。

このウイグル文字から作られたモンゴル文字は、ほとんどそのままの形で今日まで用い続けられている。

ロシア領にくり入れられたりロシアの強い影響を受けた地域では、まず一九二〇〜三〇年代にモンゴル文字はラテン（ローマ字）化されたのち、四〇年代に入ってロシア（キリル）文字になったが、中国の内モンゴルでは日常のモンゴル語を書くためにいまもこの古いウイグル式モンゴル文字が使い続けられている。

ウイグル文字からモンゴル文字に発展したこの文字は、さらに大きな進展をした。すなわち、清帝国の公用語である満洲文語を表記するために、いくつかの補助記号を加えた上で、公的表記を必要とする場所では、一九一一年まで用い続けられたのである。

漢族と日常的に接してくらさなければならなかった、こうした民族のどれ一つとして漢字を採用しなかったのはなぜかという問に答えることは、漢字という特異な文字がもつ、その強い同化的政治的な性格を明らかにしてくれる。――この問題を、これまで、せまい意味の言語学はもちろん、社会言語学も、そのおそるべき政治的な意味を考えずにすごしてきた。本書の大きな目的の一つは、そこに光をあてて、漢字の本質に気づくことにある。

漢字にオトは必要ない

たとえば、いま、ある日本人が

馬　走

と書いて、それを、漢字を知っている外国人に見せるとする。その外国人はロシア人だろうが、アメリカ人だろうがかまわない。かれはたちどころにその意味を理解するであろう。ところで当の日本人は、「ウマガハシル」と口には出さず、オトにもせずとも、心の中でそう読んでいるはずである。マー・ツォウなどとは決して口にせず、そもそも、そんな知識はないかもしれない。ところが見せられた外国人の方は、もしかれに漢字の知識さえあるならば、日本語を全く知らなくても、「ウマ」とか「はしる」とかいうふうにそれぞれの言語で理解する。

たとえば相手が英語人ならば

馬＝horse　走＝run

と置きかえるだろう。ところがそれだけでは英語の文法にかなっていないので、文法にあわせて、A horse runs. とか、(The) Horses run. というふうにこころの中で整えるであろう。このばあい生成文法のトランスフォーメーションなんて、大げさで面倒な手続きは必要でない。ここで気づいておかなければならない重要な点は、文法は意味とは関係がないという事実である。中国語でも日本語でも、文法は、走るウマが単数か複数かなどとは問題にしない。またスプーンはドイツ語の文法では男性名詞だが、といって、それを他の言語にも、いちいちそのことを説明しなくても、スプーンを指していることは通じるのである。そのことまでも含めれば、「文法的意味」とは何かという、やっかいな問題を論じなければならないことになるが、そうすると話がそれてしまうのでここでやめる。

さて、右の「馬走」にもどる。中国人であれば、日本語を全く知らなくても、ma zou とオトに置きかえ、さらにほんとうは「ma pao 馬跑」の方が自然だと思い、そのように置きかえて、日本人が伝えようとした意味を理解するであろう。

つまり、このような場合、「馬」は英語でホース、フランス語でシュヴァール、ロシア語でコーニ、ドイツ語でプフェールト、あるいはそれに類する語で受けとり、勝手に思い思いに、自分のことばのオトで読めばそれですむのである。

自分自分の、それぞれのことばのオトで読むことを日本語では「訓《くん》」読みという。

訓読みはどの言語にも起きうる

オーストリアの、皮肉屋言語哲学者フリッツ・マウトナーは、漢文をちょっとやっただけで、この訓読みの妙に気づいたようである。

> シナ文字［漢字］はどんな言語ででも読めるというのは逆説《パラドクス》ではない。シナ語をひとことも学んだことのないドイツ人でも、すべてのシナの著作を目で理解し、それをドイツ語にして読むことができるのである。もちろんシナ人の考えたことをドイツ語の単語で置きかえることができることが前提であるけれども。（マウトナー『言語批判への寄与』第二巻　三一八）

私が傍点を付した、「ドイツ語にして読む」という個所が、日本でいう「訓読み」にあたる。

漢字好きの日本人は、訓読みを発明したのは、日本人がいかに才能にめぐまれているかを証明するものだなどと言い、あるいは漢字を日本風に飼いならしたなどと自慢しているがそうではない。こういう日本人のひとりよがりが、ことばをも国をもほろぼすのである。外国の文字の、意味ある単位は、そのオトを知らなくても意味がとれるのと同じ原理で、古代バビロニアの楔形文字（とりあえずクサビガタ・モジと読んでおく）などは、そういうふうにそれぞれの民族が自分の言語のオトで自己流に訓読みしていたのだという。

このところをもう少しくわしく考えてみるために、ソ連の文字学者コンドラートフの説明を聞いてみよう。

たとえば、メソポタミアのセム族は、シュメール人から楔形文字を借用して、シュメール語の記号を書き綴ったが、それを自分たちの流儀で、すなわち、アッカド語で読んだ。また、古代ヒッタイト人は、アッカド式楔形文字を借用したが、それに「ヒッタイト語」の語尾をつけ、したがって、ヒッタイト語で読んだのであった。（A・コンドラートフ『文字学の現在』磯谷孝・石井哲士朗訳　勁草書房　一九七九　傍点は田中がつけた）

ここまで聞けば、日本人の漢字の「訓読」、「よみくだし」の方式は古代ヒッタイト人（紀元前二〇〇〇年頃）のやり方にそっくりなことがわかる。しかしコンドラートフはそこで話をやめず、さらに続けて、同じような事情が日本語の漢字においても認められる。そこでは文字記号は、「中国式に」、つまり音読することもできれば、「日本語式に」、つまり訓読することもできる。（同三三五）

そして、著者コンドラートフは、さまざまな言語におけるこの訓読み方式をまとめてヘテログラム（異成文字）と呼び、その性格についてI・M・ヂヤコーノフのことばを引きながら、次のように評している。

「複雑で混乱し、時とともにこの混乱を深めていく文字体系は、門外漢には近づくことの出来ない、学者階級の排他性を温存するのにこのうえなく役立った。」それというのも、「世界中のどの国においても、封建時代には読み書きの能力は、限られた階級の人士、とりわけ僧侶たちの所有するところとなる」からである。（同三三六）

コンドラートフは、単にものごとを紹介するにとどまらず、忘れずに次のような評をつけている。

中国人も今日にいたるまで複雑な象形文字体系を使用している。中国が古い文字体系のこうした名残りの生きている唯一の国になったのは、多分に神官ならびに宮廷の学者たちのせいである。彼らは自分の学を鼻にかけ、自分たちの文字を簡略化せず、逆に複雑化させたのであった。(同三四九)

サイバネティクスについての著書がある人にしてなお、文字を単にシステムとして取りあつかうだけでなく、このような文字についての社会的考察があるのは好もしく思われる。

さて、楔形文字についての独特の研究分野と、それに従事する人たちが世界中にいることを我々は知っている。たとえばハイデルベルク大学にもこの文字の専門家がいて、その人は、片道二時間の道のりを、野をこえ山をこえて毎日歩いて研究室に通っているという。私がここまで書いてきた「楔形文字」を、私自身もまた読者も、訓読みしてクサビガタと読んできたものと思う。あるいはあてずっぽうのオン読みをして、ハ、ハ、キッケイ文字と読んだ人もいよう。しかし、ほんとうのプロ、あるいはそれに近い分野にたずさわっている人は、セッケイ文字と言っている。
この語をのせている『広辞苑』も『大辞林』も「くさびがたもじ」で項目を出しておいて、末尾に「せっけいもじ」と読みかたを記している。漢字の読みは、まことにままならないものなのだ。

音読みだって一通りではない

「せっけいもじ」と読むのがプロや、その道のつうの読み方であろう。このように漢字の読み方が、その人がプロかどうかを見分けるめじるしになるばあいが少なくない。

たとえば近代中国思想家に胡適（一八九一―一九六二）という人がいる。日本語の知識によってすなおに読めばコテキだが、中国思想のプロはみなコセキと言っており、コテキと言えばただちに、その人は本を読んだだけで、文字だけで知っている独学の人だと思われる。中国語を学べば、そのピンイン表記はHushiだから、なるほどそれじゃしょうがないと半ばなっとくはするが、割りきれない思いは残る。

全一二巻の『アジア歴史事典』（平凡社　一九六〇）には、「こてき」の項目があり、そこには「正しくは「こせき」とよむ。」と書いてある。では、なぜ「正しくは」なのか。私はあるとき、中国思想を教えていた西順蔵先生に、なぜセキなんですかとたずねたところ、それは君の先生のカメイが専門だ。カメイに聞いてみろという返事だったが、ついにたずねずじまいだった。そうしてオトは思想とは関係ないんだと自分に言いきかせたのだが、じっさいは人間はオトでサベツされているのである。

自分自身についてもおどろくような変化なのだが、「正しくはこせき」だと知ると、他の人が「こてき」と言ったとき、なんだこのシロウトめと、突然自分にガクがあるような自覚が芽生え、その人を見おろすような気持になったことだ。このように漢字のオン読みといってもなかなか単純ではない。

こういうプロ用の例ではなくて、日常的にも漢字の問題はいっぱいある。亀井先生は「早急」をソーキューと読むのを極度にきらわれた。「数奇な」もだ。それぞれサッキュー、サッキなどと読まねば話がすすまなかった。それ以来私も、人々が「固執」をコシツと読むのが許せなくなった。いうまでもなくコシューでなければならないのである。それだけではない。「隔靴掻痒」の一番下の字は亀井先生によれば「ヨー」ではいけなくて「ショー」というのが正式なんだそうだ。国語辞典はそろって「ヨー」だが、たしかに藤堂明保さんたちの作った『漢字源』には、痒は「詳と同音で、ショウとも読む」とある。こういう日本語の中の漢字に埋め込んである地雷を踏んづけるのを避けるためには、知ったかぶりして、漢字語を使いさえしなければいいのであり、それでちゃんとやって行けるのである。

ここで、誤解をさけるために、念のため言っておかねばならないのは、私は決して漢字一般のわるくちを言っているのではなくて、あくまで日本語の中での漢字の使いかたがひどいと言っているのである。本家の中国では、わずかな例を除いて、漢字の読み方は一つときまっているのだから。

数字の訓読み

ここで「訓読み」の原理を思いきり一般化して、「一連の文字を、それぞれの言語の流儀で読む」ことだという風に解釈すると、たとえば２００９という数字がフランス語の中に出てきたときに、それをどう読んでいいかわからないのに意味がわかってしまうのと同じである。「ドゥミルヌフ」と読めなくて、「ニセンキュー」と読んですませてもいいし、ぜんぜんオトにしなくて、口のなかでムニャムニャと言ってすませてもいいのである。

これが漢字というものの性質である。そして、ここではもう一度、この漢字の本性から出てくる「訓読み」について考えておこう。

「訓読み」の無理

訓読みとは、日本語特有の現象ととるせまい意味では、漢字で書いておいて、それを実際にはどう読む（発音する）か、そのオトを、漢字と並べて、もっと言えば、漢字にかぶせて示すことである。「かぶせて」と言った意味は、できることなら、一つのものとして示したいのだが、二次元の紙という平面の上では、できればそうしたいのに、かぶせる＝重ねることができないから並べただけのことである。

では、並べた二つ、つまり左側の漢字と右側のクンと、どっちが本物で、どっちがそえものかといえば、見るばあいと聞くばあいとでちがってくる。

ことばは文字だと考える人にとっては、クンは文字から発生してくる二次的なものだが、最初からオト、すなわち母語、日常のことばでことばを考える人にはそのオト、すなわちクンの方が本物で、字（オン）は二の次である。

私の書いた本は、ときどき目の見えない人たちから読みたいという希望がでるそうで、その人たちのために、オトにしてテープに吹き込む仕事をしている人たちがいることを知った。そういう人から、よく電話がかかってくる。この字は何とお読みしたらいいのでしょうかと。問題は漢字だけではなく、文中に引用したドイツ語やロシア語も、ふりがなをつけておかなければ「ムニャムニャ」とでも読んですますというわけにはいかない。

このことがあってから、日本語はかならずオトにして、声に出して読めるように書いておこうと心がけるようになった。

「跫音《あしおと》」だの「嗤《わら》う」だの「三和土《たたき》」などの漢字は、なぜか小説家がいかにも得意そうに、また嬉しそうに使う漢字だが、見るときはともかく、聞く方には、そんなしかけはまったくとどかないのである。この「あしおと」には、「おそろしい」ような字が書いてありますよ、とか、この「わらう」にはなぜかムシが入っていますよなどと言うわけにはいかない。これなどはまだ罪のない方だが、

シャルル・ガルニエの設計による新しいオペラ座とノートル・ダム大聖堂を合わせて二つに割ったような、崇高にして蠱惑《こわく》的な「文化空間」、そこに行くことが胸のわくわくする……（いつかの『朝日新聞』より）

などというような文字使いを将来あるこどもたちにはまねさせたくはない。

この文章をだれが書いたのかは忘れてしまったが、この人が、この皿の上に三匹の

ムシののった字と、それを読む「コ」というオトに特別の思い入れのある人だということはわかる。そしてそれは、ある時代に育った人の心情をも代表しているかもしれない。

好奇心から、「蠱惑」を、ジビキでしらべてみた。すると「女がその色香によって男をたぶらかす」としたのが、藤堂さんたちの『漢字源』(学習研究社)であり、白川さんは、もっとおだやかに、単に「たぶらかす」としている(『字通』)。

それにしても、なぜそのような意味になるのか。『漢字源』の言うところでは、「多くの虫を皿に入れてふたをかぶせ、共食いさせ」「生き残った虫の毒気でかたきをのろう迷信があった」そうだ。

ところで問題は、なぜムシのことが藤堂さんたちの言うように女にかかわるのか、それは、虫をたたかわせるような残酷な儀式をやったのが「巫女」、つまりオンナだったからである(『字通』)。藤堂さんは、このオンナというところによほど注目したと見え、さらに「蠱疾《こしつ》」という熟語をあげて、「女性関係からくる心の乱れ」と説明している。白川さんにはこのような説明はない。

——ここまで書いてきて、ああしまった、と私は思った。「漢字ってやっぱりおもしろい。これだから漢字はやめられない」という勢力に力をかしてしまう結果になりそうだからだ。

だけれども、さっきのような評論を書いた人が、この「コワク」という字を使ったときに、ムシだの、それを相食ませる女だのと意識して書いたのだろうか。

こういうふうに文字のせんさくをすることは、いささかもことばにかかわることではない。

「秋桜《コスモス》」「無花果《いちじく》」「紫陽花《あじさい》」なども和歌や俳句では好んで用いられるが、オトで読むばあいは、まったく無意味な工夫である。とりわけ「ムカカを食べましょう」なんて口に出して言ったら、むかむかするじゃないか。

十七文字とか三十一文字とか、オトの数がすこぶる制限されているばあい、欲張ってなるべく多くを盛り込まねばならない詩歌では、読み手はずい分無理をして、ひねった漢字を使い、ことば（オト）以外の多くのものを押し込み、すべり込ませようとする。

そのような作品は目でも見なければ、作者の思いは伝わってこないのである。

テレビを使えば、文字を見せることができ、さらに写真や絵や音楽などをくっつけることもできるけれども、かんじんのことばの方が添え物になり、風景や音楽の方ばかりをよくおぼえているというようなことが起きるのである。

だから私は、「言語作品」と称するばあいに、最終的にはオトにしたらどうなるかということに特別の関心を持つから、言語作品を示す場としてはテレビよりもラジオの方を重んじるのである。

ラジオの方も、またこのように意識していて、聞いただけでもよくわかるようにと、放送されるテキストは、よく工夫されているのに感心する。しかし漢字語だけでニュースになるようなことがらには、口でふりがなをつけるというようなことが起きるのである。

ある日のNHKラジオのニュースで、「政府のシサン—試みの計算では」というふうに、漢字語に日本語《やまとことば》の訳文《ふりがな》をつけたり、逆に、「サケるい販売」と言っておいて、そのあとすぐに「シュルイ」と言いかえる。たぶんサカナとまちがえられないようにとの配慮のほかに、法律用語としては、「酒類《しゅるい》」というのが正しいのだろう。しかし放送が、これをサケルイと読む方があきらかにわかりやすいから、いっそのこと「シュルイ」を追放してしまうのが、国語愛の道ではないかと思う。最近の時事的なニュースでは、アナウンサーが「公海」と言ってから、そのすぐ後に「黄海」が出てくることに気がついたらしく、すぐにつづけて「おおやけのうみ」と声でルビをふったのである。ここであとの方を「きいろいうみ」とルビをふらないのは、それが固有名詞だからであろう。声でルビを振らなければならないような異様な言語を、私は日本語のほかに知らない。日本語はけっしていいことばではない。

最近またこんな例があった。「キセーチューの孫がうんぬん」というくだりで、はじめは「寄生虫」と思っていたのが、マゴと続いたので、やっと「帰省中」とわかったのであった。しかしたしかに時にはマゴは寄生虫でもあり得るという、ふとどきな考えが私にあったことこそ責められるのかもしれない。

同じようなのに、どこかの観光地の説明をしているときに、アナウンサーが、「カンバク台が二つあるんですよ」と言っておいてから、「たきを見る台」という意味ですねと注をつけた。バクはもちろん案内板には「瀑」と書いてあるはずだ。

こういう例を出しはじめたらきりがないから、もう一つだけ出してやめておくが、「自治体のヒナン……」のところで、いつも非難されることの多い私はとっさにこの漢字を思ってしまったのだが、あとまで聞くと、続いてカンコク（勧告）が出たから、これは「避難」だとすぐにわかったのである。

このような言語、すなわち同音異義語に満ち満ちた言語はだじゃれを言うには適しているが、だからといって、おもしろがってすむことではない。同音異義語という病気に満ち満ちていれば、他の言語ならば対策を考えるはずだが、日本語では漢字があるからと安心している。この安心が、ますます漢字への依存症を深めることになる。単語がすり切れてどんどん短くなり、一音節語が増えて行けば、ますますダジャレが言いやすくなる。中国語や英語もダジャレには困らないだろうが、フランス語も、たぶんそれにひけをとらないだろうから、綴りがそれを区別するためにたいせつになってくる。たとえば「君はいる」も、「かれはいる」も、オトの上では同じエ[ɛ]だから前者は es 後者は est と文字の上で区別をしておく必要がある。

ローマ字にも見られる象形性

フランス語は文字とオトとの間にいろいろ問題が起きることの多い言語だから、文字に多くを求める点では、漢字についで関心が深いという背景はよく理解できる。だから、シャルル・バイイが挙げている次の例は大変おもしろい。

ポール・クローデルにとっては、toit〔屋根〕の［両端の］二つのtは家の二つの切妻であるし、また locomotive「機関車」にかれは煙突や車輪をみとめている。(『一般言語学とフランス言語学』一四二)

ここに言われていることを私なりに図示してみると、左にかかげたようなぐあいになる。

①は機関車ロコモティブで、先頭のlが煙突のように上に飛び出ている。次にoooと三つ出てくるのが動輪のように思える。私はさらにいたずらをしてlの上に煙を書き添えて煙突に似せておいた。②は「トワ」と読み、屋根という意味であり、両端の二つのtが高くなっているから、屋根の両側の切妻をさしているのであろう。文字には、音声文字であってもこのように意味と結びつく傾向はある。バイイはソシュール先生の弟子ではあるが、ラングのわくをふみはずして、大いに遊び心を発揮した人である。

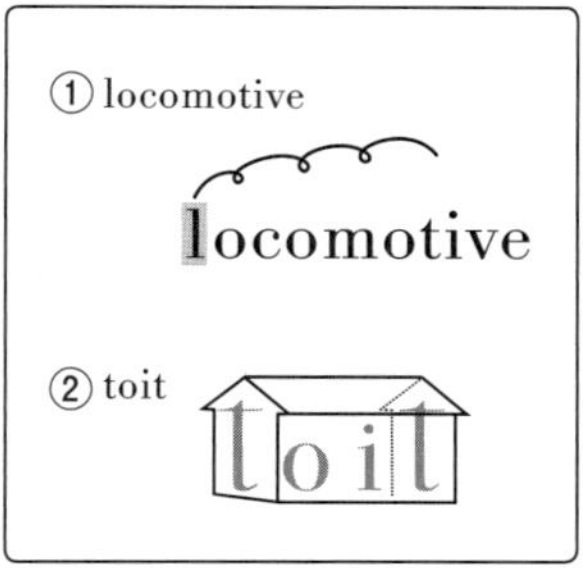

クローデルは詩人であって駐日大使もつとめたことのある人だから、ローマ字にもこのようなイメージを作ることができたのは、漢字や、日本の文字から得られた感性かもしれない。

このようなポール・クローデルのような例はあるにせよ、言語を文字にして、イメージをひたすら文字からくみとる漢字人とはことなって、アルファベート人はひたすらオトそのものに、形や、それどころか色やにおいすらも感じる人がいる。ローマン・ヤーコブソンは、aは赤、oは赤みがかった青、eは明るい緑、uは暗い青、iはカナリヤの黄色をこどもの時に連想していたという三十二歳のチェコ人の女性の例をあげている。彼女の感覚のなかで、私も心から同意できるのは、fの音がすみれ色だというところだ。それがなぜだかよく説明はできないのだが。(Kindersprache,…116)

さて、いまはシャルル・バイイから話をもどして、その先生のソシュールの、言語の線条性という、もっと基本的で大切なことにもどろう。

ふりがな、訓は線条性《リネアリテ》に反する

人間には、口は一つしかない。だから二つ以上のオトを同時に発するわけには行かないので、二つ以上の単語を同時に発するわけにも行かない。だから人の名を呼ぶのに、上下前後のちがいはないのに、どちらかを先にすれば、どちらかをあとにしなければならない。ここでアイウエオ順、abc順という発明が必要になってくる。

このようにことばでは一つのことを言うときに他のことを同時に言うことはできない。だから意味のあることばを発し、聞きとる過程には時間がかかる。これに対して図や絵は、一挙に示されているから、花と花びんとテーブルとネコが描かれているばあい、人は一度にすべてを見るか、花とネコのどちらを先にするかは自由であって制約はない。

ところがことばは、オトの一つ一つを順に聞いて単語を組み立て、さらに単語を一定の規則につらねて文章にしてという風に一つ一つを追って意味をとるのであって、絵のように一度にパッと見て、一目瞭然というふうには行かないのである。このことを、ことばが線の上に順を追って並べられたオトのつらなりから成っていて、一つのあとに一つという風になっている――このことをことばの線条性とソシュールは言ったのである。それは生理のレベルでの、聞くことと、見ることのちがいに対応している。

ソシュールの言っていることの多くは、すでにかれより以前の人が言っていることが多いのだが、それにもかかわらずかれの表現はたいへん鮮やかなので、人々の多くが印象ぶかくそれを聞き、心をうたれるのである。この「線条性」もしらべてみると、きっと誰かがすでに言っているかもしれないけれども、他の表現手段に比べて、言語のいちじるしい特徴を印象ぶかく表現したソシュールの名と結びついて記憶されているのである。ソシュールの言うところを、応用すれば、同じくオトを表現手段としている音楽についても、言語とほとんど同じことが言える。

歴史記述と線条性

こう考えてくると、歴史という、いっせいに何かが各地で、たがいにからまりあいながら起きていることを、ことばで表現しなければ学問にならないという歴史学というのは、まことにうっとうしくもどかしい、あえて言えば不幸な学問だということがしみじみとわかる。このことからヘーゲルは「起きたこと」を res gestae、それを「ことばで」語る歴史を historia rerum gestarum と呼んで区別し、ドイツ語の「歴史」(Geschichte) はこれら両者を含んでいると述べたのである。この区別を作り出す根本の理由は、私なりに言語学の用語を用いていえば、「語る」方の歴史は、原理的にこの「線条性」から逃れることはできないのである。(『歴史哲学』武市健人訳 一九七一 上一四七、『歴史哲学講義』長谷川宏訳 一九九四 上一〇八 ともに岩波文庫。世評では長谷川訳がわかりやすいというが、この個所に関しては、絶版になっている武市訳の方がくわしく、ていねいである。)

で、漢字にふりがな、訓をつけて読むやり方は、口にしたものだけが言語と考えるならば、線条性に反する、同時に二つのことを言おうとする、いわば二枚舌のことである。これは、文章を朗読してみればすぐに明らかになることであって、たとえば秋桜《コスモス》と書いてある、この漢字とフリガナを同時に読むわけにはいかないのである。こういう芸当は、もはやことばのわくを越えていて、ことばのそとの絵の世界のできごとに近いと言えよう。

訓という二枚舌を使っていても、そのうちの一つだけが一次的であって、ことばとして本質なのは、漢字＝オンではなくて、実際にオト（あるいは読み）として発する訓の方である。たとえば紫陽花《シヨウカ》などとは誰も読んでいないで、「アジサイ」と言っているにもかかわらず、自分で思いついて（もちろん自分の知識を利用してだが）漢字をあてるのである。たとえば医者は病人を「ミタ」と心の中で言っておいて、そこに「診」という字をあとからあてる。発生の順序としては、フリガナ、クンの方が先であるのに、それをたんなる副え字《そじ》にするのは、うそっぽい。それにまた、ここに「診」と書く習慣を知らないからといって、その人を日本語をよく知らないなどと言って非難することはできない。その人はすでに日本語を十分に、りっぱに身につけているのである。

それなのに、まず漢字で書いて、それにフリガナ＝クンをつけるという過程をみるとき、日本人としての私は屈辱的な気持になる。それは、日本語が自立していないという思いからである。自立した言語とは、文字の助けによらず、それのみですべての用がたせる言語のことである。

あるいは、ほんとうは自立しているにもかかわらず、そこにわざわざ漢字をそえることによって、自分がいかに漢字に隷従《れいじゅう》しているかを示すとともに、その知識をひけらかそうというひくつ極まる心理がはたらいていると思うからである。

筆談で伝えるのはことばではない

ことばはオトでできている。しかしながら伝えたいのはオトではなくて意味だと考えるならば、オトは手段にすぎない。漢字はオトをすっとばして直接意味に達するから、筆談ということが成立する。しかし、筆談でつたえあっているのはことばではない。ことばをこえた意味である。

だから漢字による筆談とはたがいに相手のことばをほとんど、あるいは全く知らずして、意味だけをやりとりする方法である。このことは文字としては圧倒的に大きな利点である。というのは、ことばを学ばなくてすむからである。だから漢字で書かれた言語は、今日日本の怠け者の学生たちにはうってつけの「外国語」であるが、漢字だけで学んでいるのは、じつは外国語ではない。中味はたぶん日本語かもしれないからである。このような「外国語」との接しかたが、漢字を用いないすべての外国語にも応用されるから、いつまでたっても、字はおぼえても、ことばはわからないのである。かれらはすでに漢字を知っている。その上、中国語にはヨーロッパ語のように動詞や名詞の変化がないから、文法のうちの面倒な部分を苦労して学ぶ必要がない、ラクチン外国語なのである。しかしそれでは決して言語を学んでいることにはならない。

漢字がオトと無関係に、すなわち言語と無関係に存在し得ることは、筆談の他にもいい効用をもっている。それは、方言の発音の差異、いわゆるなまりを表さないし、また表すことができないから、漢字という文字の並び方さえ整えれば、その人がどんな方言を話しているかは全くおもてに出て来ない。だから、日本で言えば、書き手が東北のツガルの人であるのか、九州のサツマの人かはまったくわからなくしてくれるのである。

そのようにして出身地をかくしてしまうから、漢字を使っているかぎりは方言サベツ、つまり言語サベツは発生しないのである。この点では、極めて民主主義的な文字だということになるけれども、漢字を使って方言を書いたり、こまかい発音のちがいを積極的に表そうとしても、それはできない。つまり、生きた言語による表現はできないから、漢字のもとでは、方言の存在そのものが認知されないことになる。

中国の歴代の王朝では、どんな僻地に生まれ、どんな「ひどい」方言を話していようと、漢字を使いこなす技術を身につけてさえいれば官吏に登用されるという、公平なチャンスが与えられたのである。そこでこの、文字の並べ方さえ学べばいいという、すなわちオトなしの文字のつらなりに支えられた官僚組織を見た西洋の宣教師たちは、この試験の制度をたたえる報告を次々にヨーロッパに送ったのである。

このように、漢字をたくさんおぼえて、古典に学んだ知識にもとづいてそれを駆使することが、すなわち学問をするということだ、ということをそのまま体現したのが、朝鮮や日本の学問のありかただった。漢字をたくさんおぼえることが出世と地位の獲得にまっすぐつながるという、何百年も続いたこの伝統が、学問を常に保守と反革命、反人民的特権思想の巣《ソー》クツにしてしまったのである。こんなところで行われる学問の役割は、何か新しいことを発見し、つくり出すというよりは、既存のサベツを固定化し古い伝統的な知識を固くまもって、煮つめたサベツのパッケージを後世に伝えるだけのことになる。

方言をかくせば言語も消せる！

以上のところで得た、漢字の性質についての重大な発見を、そうか、そうなんだ、とただのみ込んでそのままにしておいてはならない。ここで述べた「方言」は、見方によれば、方言ではない独立の「別の言語」、すなわち事情によっては国語でもありうるからだ。どんな方言でも国家をもてば国語になるのである。そのことをユダヤ人の母語、イディッシュ語の専門家のマックス・ワインライヒは、「国語とは陸海軍をそなえた方言である」と言ったのである。このようにして、方言をかくしてしまうというこの効用が、じつは外国語をもかくし、すなわち、諸民族の言語をもかくし、漢字の中にのみ込んで、やがては消してしまうという結末をもたらすに至る。

ヨーロッパには約六〇に近い異なる言語がある。そのうちには、フィンランド語とか、ハンガリー語とか、まわりからまったく理解されない非ヨーロッパ的言語もある一方で、まるでほとんど方言同士のように、たがいにわかりあえる言語もある。

たとえばオランダ語とドイツ語をとりあげてみよう。前者は低地ドイツ語、後者は高地ドイツ語と呼ばれるように、オランダ語とはライン河の下流域、北海に出るあたりの、地理的に低い一帯で用いられているドイツ語である。この低地ドイツ語の一つをオランダではオランダ語、ベルギーではフラマン語という。フランドル、わかりやすく言えば、「フランダースの犬」の、フランダース地方で話されている低地ドイツ語の一種だからである。もしオランダという国家がなければ、ドイツ語の低地方言ということになろう。

南へ行くと、スペイン語、イタリア語、その間をつなぐオクシタン語など、その中の一つを知っていると、カンがよければ、ある程度まで他もわかるというようなぐあいに、それらはおたがいに、いわば方言関係にある。そしてオクシタン語は、スペイン語やイタリア語のようには国家をもたないから、方言と呼ばれるのである。

中国も全く同じような状況にあるけれども、ヨーロッパとのちがいは、それらがオトを表さない、どうとでも読める、また読んでいい一つの漢字で書かれている点だ。しかし見たところ同じように漢字で書かれていても、その中味はヨーロッパ語の基準でみると、二〇も三〇もの異なる言語である。近代ヨーロッパでは、それぞれの言語が、それぞれの主権を主張して国家をつくったから、他のところ、たとえば中国であればたがいに方言のような関係でしかないものが、それぞれの名前をもって独立し、たがいに「外国語」と呼びあっているのである。

ヨーロッパがなぜそのようになったのかといえば、一つには、ラテン（ローマ）文字という、オトを表す文字を使い、それぞれの民族の言語そのもの、つまり方言を書きあらわすことができたからである。

じつは中国語だって、漢字をはずして、ことばそのものに即してみれば、ほんとうはまるでヨーロッパの諸言語と同様の状況にあるということが、国会にあたる全国人民代表者会議の討論などを見ていると明らかになる。中国語学の専門家によれば、かれらはお互いの話しことばがほとんど理解できてないということすらあるというのだ。たがいにほとんど理解できないほどちがっている方言は、もはや方言ではなく、それぞれ異なった独立の言語である。

このことは、私は専門家でないからはっきりとは言えないけれども、オランダ語とドイツ語くらいのちがい、スペイン語とカタロニア語くらいのちがいは十分あるのである。

しかしそのちがいを漢字というオトなしの意味文字という傘がかぶさっておおいかくして通話を可能にしているのは、日本語と中国語がたがいにあいての言語を知らずとも、文字をなかだちにして理解できるのと、いくぶん似ているかもしれない。

もしローマ帝国が漢字を使っていたら

このことから、ヨーロッパ大陸全体に匹敵する漢字語帝国に、なぜ、今日「中国語」という一つの言語しかないとされているかが理解されるだろう。それは、「中国語」などというよりも、より実態に即して忠実に言うならば、漢字で書かれた言語、略して「漢字言語」、もっとくわしく言えば「漢字方言群」「漢字言語群」と言うべきであろう。それぞれの言語（あるいは方言）が漢字で書かれることによって、オトということばの実体を消し去り、かくし去ったことによって、かぶせられた文字だけが残ったのである。この点から言えば、漢字は、「ことばかくし」「ことば消し」、さらにすすんで「ことばつぶし」の文字だと言えるだろう。この実態を岡田英弘は次のようにずばっと表現している。「中国は文字の世界であって、言語のない世界です」（岡田英弘、樺山紘一、川田順造、山内昌之編『歴史のある文明・歴史のない文明』筑摩書房　一九九二　四三）と。さきに述べた突厥、女真、契丹、西夏、さらにチベット、モンゴルのように、漢族と密接にからんで暮らしてきた民族が、一度でも「訓読み」をやって漢字を採用したらさいご、かれらの言語も、漢語のなかに取り込まれて消えていたであろう。

だから、ヨーロッパにこれだけ多くの言語が保存された——もちろん、エトルスキ語が想像させるように、多くの言語が名をもとどめることなく消え去ったが——のは、ラテン文字というオト文字が、それぞれの言語の実体すなわちオトを残したからである。意味ではなくて、オトこそが言語を支えることを、日本人はもっと骨身にしみて自覚しなければならない。

私はよく西洋の国際語主義者たちに言うのである。ラテン語が漢字で書いてあったらどうでしょうか。そのばあい、ヨーロッパは中国のように単一であって、こんなに多くの言語を生みだすような不経済はなかったはずですと。

私がこういっても、そのことを理解してくれる西洋人は極めて少ない。それもしようのないことだ。ヨーロッパ語を使い、漢字を学んだことのないヨーロッパ人は、よほどの知識人でもこのような漢字の驚嘆すべき、驚異の性質は理解できないことだ。

漢字は言語をこえている

ヨーロッパ語人に、漢字のこの原理をわかってもらうには、次のように説明してみればどうだろうかと思っている――。

たとえば

山　川　日　月　目　木

さらにちょっとむつかしいが

馬　鳥　燕

などの漢字――最初は五〇ほど、じょじょに増やして一〇〇、いやついでに三〇〇、五〇〇ぐらいまでに増やして、それを国連で決議して、世界中の人に、こどもが最初に出会う文字として、いわば国際ロゴマークのように、幼稚園、小学校から教えることにする。

ここにかかげたはじめの一行目の漢字が、いい選択かどうかはわからないが、こどもはあっという間におぼえるだろう。それらは、まだ絵のおもかげをとどめているからだ。特に「目」などは、これを横にして示せば、こどもたちは大喜びだ、いな、いっそのこと横にして「国際漢字」にすればいい。毎日一字ずつ教えるとしても一週間はかかるまい。

次の行の、四本足をはっきり書いた動物を表わす字も、たちまち、こどもたちのお気に入りの字になるだろう。

しかし、目ざといこどもはすぐに気がついて、ウマはそれでいいけど、どうしてトリは四本足なのだ？　と問うにちがいないが、動物はふつう四本足が多いので、四本にまとめたのだと、ちょっと無理やりになっとくさせて前へすすむか、あるいは、トリも昔は四本足だったけど、前の二本は羽になっちゃったんだよと言い含めてもいい。

ここで私は、あのユニークな思想家イワン・イリッチさんのことをどうしても思い出してしまう。今から二〇年ほど昔、イリッチさんと、藤原書店のどこかの室で、ことばにおけるオトと文字の関係について対談して、漢字の話になった。私は黒板に「馬」と書いて話をつづけた。すぐに消そうとしたが、イリッチさんはちょっとまてと、消すのをさえぎってしばらくの間、おもしろそうに「馬」を鑑賞していたのをおぼえている。しかし、こういうふうに漢字をおもしろがる西洋人は、結局は、決して漢字をおぼえて使おうとは思わないものだ。かれらは鑑賞はするけれども実用にはしない。

話を、こどもたちのことにもどそう。こんなふうにして一年もたてば漢字は一〇〇字くらいはものになるかもしれない。そうして、みなが漢字をクン（それぞれの母語のオト）によって読むようにするのだ。山だの川だのに七〇〇〇ものクンができるのである。そうすれば、世界中の人びとは、たがいにことばを知らずとも会った瞬間から、たちまち、ある程度の意志が通じるようになるだろう——と。

なぜそんなことが可能なのか——答えははっきりしている。漢字はことばではない、もっと正確に言えば、ことばを表していないからである。「山」だの「日」だのと書いて、おたがいにわーい、わかったと喜んだはいいが、それをそれぞれのことばにして口に出したとたんに、まったく通じなくなってしまう。

燕

イエン(ヅ)	チャイニーズ(中国語)
スウォロウ	英語
シュワルベ	ドイツ語
イロンデール	フランス語
ラーストチカ	ロシア語
ハラーツガイ	モンゴル語
パースキュネン	フィンランド語
クルラングチ	トルコ語
ロンディーネ	イタリア語

そのようすは上のようになる。

「燕」という字を、それぞれ自分のことばのオトで読んだら、たがいにまったく通じない。それがことばというものなのだ。しかし、「燕」と書けば、みんなにわかるというのは、漢字が文字ではなく、半ば絵だからである。といっても、みなが学んでおぼえておかなければならないところが絵とはことなる点である。

では、神様は、なぜこんなにたくさんことばを作ってしまったかと問わなくてはならないけれども、それはまた別の問題、おもしろいことかぎりなしだが、哲学とか神学の問題になってしまう。

ここで私がなぜツバメを例にあげたかといえば、私の感じでは、それぞれの言語のなかで、この鳥の名がいずれも表情豊かに表現されているからである。それぞれの言語でそのオトを聞くとき私はそれぞれ異なるツバメの姿を心に思い描くからだ。

ドイツ語のシュワルベを聞いたとき、私はノドをふくらませて、グチュグチュ言っている、あのツバメのノドや胸のあたりが目にうかんでくるし、フランス語のイロンデールは、小雨を含んだような春の空を、すべるように飛んでいた、ストラスブールのあのツバメの姿が描き出される。

またハラーツガイという名は、モンゴルのラマ教僧院の草むしたいらかの上に群れつどっているツバメのさえずり声を聞く思いがするからだ。このように、生物学的にはツバメは一つだが、それぞれのことばでは、こうした呼び名のオトと、もとは一つのはずの鳥とが、それぞれ固有のイメージをもって、いわば必然の関係であるかのように結びつけられている。だから、ソシュールは、わざわざ、シニフィアン（記号表現）の「ハラーツガイ」とシニフィエ（記号内容）の「燕」（の概念）との結びつきはアルビトレール（恣意的）な関係だと、力をこめて言わなければならなかったのだ。

以上、いろいろなことばが、それぞれのしかたで、オトとして発せられると、そのことばは、ことば相互のあいだで理解されないという、あたりまえのことを示した。ところが、漢字はことばをこえて理解される。それゆえに、漢字はことばを表してはいないのである。

エスペラントは国際的に共用することをめざして作られたことばである。そこではツバメはヒルンド（hirundo）という、フランス語に近い形に定められている。ヒルンドは、どの国のことばにもないから、何語を母語としていようとも、皆で別あつらえで学ばなければわからない。――このことがエスペラントもまた、たしかに「ことば」の一つであることを示している。

聞くところによると、世界中に中国語をひろめようと活動している、この言語を売り込む世界チェーンストアと言うべき「孔子学院」は、中国語のみならず、漢字をもひろめようとしている。いな、中国語はかなわないとしても、漢字をひろめるだけで、はやりのグローバル・コミュニケーションのために大きな功績をたてることになろう。さきほど私が、国連が採用して世界のすべての場所で学ばせればいいと提案した「国連漢字」は、何回も国際会議を開いて議論しないときまらないが、もし「孔子学院漢字」、ちぢめて「孔子漢字」というものが定められてひろまれば、はるかに現実的だと思う。だから私は「孔子学院」の活動の成り行きに大変関心をもっている。いっそのこと、「孔子漢字」を世界が採用すれば、日本の漢字博士は世界水準の頂点に立つことができるからである。

私がここで言っていることは決して夢物語ではない。この問題で報告を行った浜田ゆみさんによれば、孔子学院はすでにヨーロッパ三一ヵ国に一〇六校、アジア・アフリカ四八ヵ国に一〇三校、それに南北アメリカを含めて、総計九三ヵ国に三二六校の出店をもっている（「中国の言語戦略――エスペラント時代から孔子学院まで」）。この出店は、日本においては、早稲田大学、立命館大学、桜美林大学のような有力大学によって代表されていることに注目しておきたい。

わからずやのヨーロッパの知識人――いまさら「音声中心主義」だって？

ヨーロッパ人は、自分たちは言語学を作ったし、数多くの言語を知っている、だから、ことばへの考察は、アジア人はまだまだヨーロッパのレベルにとどかないときめ込んでいるらしい。その最たる人がジャック・デリダである。

かれはソシュール言語学を批判して、ソシュールの作った言語学の体系はヨーロッパ中心の「音声中心主義」だと批判したらしい。すると日本の若い学者たちも、ソシュールは音声中心主義者だといっせいに口まねした。口まねは学問ではないが、日本の学問の大部分は、ヨーロッパ人、アメリカ人学者をまねて、ほぼ口まねのもっともらしさでできているから、日本語では、そんなのもやはり学問というべきなのだろう。

かれらはソシュールをよく口にするが、その『講義』の音声学の章で示された、音節形成についての鋭い洞察をきちんと勉強したことがあるだろうか。ソシュールがそこで、母音と子音という因習的でアトミスティックな区別さえ相対化しようというほどの大胆な試みを示した——そのことがわかっているだろうか。

モンゴル人は、ソシュールのこの音節論を知っていたわけではないだろうに、今用いられているキリル文字の正書法には、多くの点でソシュールの洞察をふまえたような見方が表れていることを、私は学生時代から驚きをもってながめてきた。

文字学ならばともかく、言語学が音声中心でなくて成り立つだろうか。オトのないことばなんてものがあるだろうか。音声中心主義だとデリダのしりうまに乗って口まねする人たちは、音声なしで議論してみたらどうだろうか。かれら、デリダに便乗した日本人たちは、これによって漢字の優位が正当化され、言語学を文字学へと平行移動させる根拠を手に入れたつもりだったのだろう。それでもかまわないが、といって、自分の手でデリダさんの言うところを発展させる才覚は持ちあわせていなかった。

デリダさんはもう死んでしまったらしいが、エクリチュールだとか何だとか、漢字をほめるための用語まで作って日本にごまをすった人が、いったい自分自身で漢字を少しでもおぼえてそれを活用し、フランス語の音声中心主義からの脱出を実行しただろうか。

周辺民族のおそるべき言語本能

漢文化と直接、濃厚に接触しながら、周辺民族は一つとして自らの言語の表記のために漢字を採用しなかった。このことはくりかえし述べたところであるが、あらためて考えてみると、これは強調してもしきれないおそるべき事実である。というのは、一般に無文字の民族集団が高い文化に接すると、まず相手から文字を学びとる。日本がいい例だ。しかし漢族周辺の民族はその影響を受けつつも、自ら文字を作り出すか、モンゴルやチベットのように、漢字以外の別の文字を採用した。前者はウイグル文字を、チベットはインドからデーヴァナーガリー系文字をとり入れ、変形して用いた。

このことは漢字が個々の言語の表記にとって適切でないか劣った文字であるかのどちらかである。たぶん漢字はかれらにとって適切でもなく、それ以上に「劣った文字」と考えられたにちがいない。そのことをかれらは言語学の知識や理論にもとづいて行ったのではなく、直感すなわち、一種の本能によって行ったのであろう。

近代に入ってからでも、漢字礼賛者が言うように、漢字がそれほどすぐれているならば、今こそどこかの民族が、それじゃあと言ってアルファベートをやめ、漢字をとり入れてもよさそうなものである。しかし実際はそうはなってない。漢字を捨てる例はあっても、とり入れた例は一つもないのである。

日本語は一〇世紀頃、漢字から、オト表記のためのかな文字を作った。そして、女たちはかな文字だけで書く文学を発展させることによって、日本語を見事に自立させたのである。

ところが出世主義者の男たちは政治と学問を一人じめするために漢字を手放さなかったのみならず、いよいよ、さらにこみ入った使いかたを考え出し、自らの地位の確保のために利用したのである。かれらのせいで日本語は、漢字のしばりから離れて真に自立した日本語の書きことばを確立するチャンスを失ってしまったのである。

この問題は、せまい意味での伝統的な言語学のわくを大きくはみ出した、言語と政治、言語と権力、流行にすり寄った言い方をすれば、言語とジェンダー、さらに言語と社会階層、あえていえば言語と階級の問題を扱うところの、社会言語学の巨大なテーマであるが、このような視点から日本語の歴史を書いた論文も著書もまだ現れていない。ああなんというみじめな日本の言語学！

直接支配下にあった朝鮮語

漢族の周辺にあった非漢民族がすべて、例外なく漢字を拒否した中で、熱狂的に勤勉に漢字を身につけてみずから漢文化に同化し、ほとんど、漢族の一部、もっと言えば二流の漢族になってしまったとさえ思われたのが朝鮮民族であった。しかし一四四三年に李王朝第四代の世宗《セジョン》王がハングル文字を作ることにより、かれらの母語を、漢字の力を借りずに、独自のオト文字によって表記する道をひらいた。この王朝が、漢文化の圧倒的影響下にあったにもかかわらず、このようにして、漢字ではない、固有の文字を制作したことは、この王様に深い、いまでいう社会言語学的な洞察があったことをうかがわせるものだ。今日、朝鮮民族が固有の言語をもった、独立の民族として存立し得たのは、ひとえに、このハングル文字によると言ってもいいくらいだ。

しかし、漢字の知識と教養によって支えられていた官僚制度とハングルとの両立は、論理的に不可能であった。ハングルは当然、決して権力にはつながることのできない、社会的下層の負（マイナス）のシンボルとさえなった。その知識をもっていることじたいが侮蔑の対象であったからだ。

しかし日清戦争によって清王朝が解体にむかったのを機に内からの近代化が求めら

れた。福沢諭吉のもとに留学し、日本のかな文字にヒントを得た青年ユギルジュン（兪吉濬）たちが帰国して、漢字を拒否し、ほとんどハングルだけによる「独立新聞」（一八九六－九九）「帝国新聞」（一八九八－？）などを発行しはじめた。

ハングル新聞は、漢字の使用から排除された大多数の国民に、母語を用いた近代的言論の世界を開くかに見えたが、一九一〇年に日本の支配下に入るとともに、ハングルの使用は禁圧された。

ハングルの使用が完全に花ひらくには、日本の敗退を待たねばならなかった。すなわち一九四五年、日本が敗退した後に、ハングル制作から五〇〇年を経てはじめて、民族の唯一の文字として自立し、そのことによって言語もまた自立しえたのである。この五〇〇年という空白があったけれども、朝鮮民族は、さきにあげた突厥、契丹、西夏、モンゴル、満洲族など、漢族以外の民族と同様に漢字から脱却したのみならず、近代国家へのたしかな足どりを獲得したのである。今日の韓国の繁栄のすべてはハングルが可能にしたのである。

このような流れにそってみると、朝鮮民族の漢字の支配からの離脱は、五〇〇年を要したとはいえ、非漢、ユーラシア諸民族の自立の過程の必然の流れにそったものであった。

ハングルによる朝鮮語のたたかいはこれから

朝鮮半島の状況と日本とを比べてみれば、漢字・漢文化との関係は、前者の方がはるかに濃密であったから、それだけに漢字からの脱出はいっそう複雑で困難だった。日本ではすでに一〇世紀、女たちがにない手となって、かな文字だけで自立した日本語書きことば世界を形成することができたけれども、朝鮮ではそうした歴史の経験はほとんど無かった。ところがいまや、漢字の助けによらず、自前の文字だけで、自らの母語が書けるようになったのである。

しかし、その実行はじつに困難に満ちたものであり、いまも困難のさなかにある。漢字というおそろしい病気にかかった過去をぬぐい去るには、病気というものがすべてそうであるように、病気であったのと同じくらいの時間がかかる。

当然のことながら、日本と同様、漢字で養われてきた朝鮮の言語文化は、特に学術用語の世界では、脱漢字から半世紀以上を経た今日、漢字なしにはやっていけないというなげきのことばがよく聞かれる。時には漢字をすてたために、韓国の学術・文化の水準はいちじるしく後退したとうったえる人たちがいる。

そういう思いを吐露されると、日本の文化人は、我が意を得たりの思いで、「そうだろう、漢字なしではやって行けるはずがないよ」と相づちを打つ。ではこういう日本人は、どれだけ日本語の自立のために努力しているかを反省してみるがいい。少なくとも、せっかく漢字圏からの独立のために苦難の道をあゆみ、やっと成功をおさめようとしている朝鮮民族の言語的独立の足をひっぱるようなことをしてはいけない。この際、次のようなことを思いあわせてみる必要がある。

私は今から十年ほど前、北京空港で、地図のソウルのある位置に「漢城」と書いてあるのを見た。この名は、朝鮮が漢文化に支配されていた時代を思わせる名である。代わって清朝から朝鮮を引きとった日本は「京城」の名を与えた。京城がいけなくて、では漢城はいいのだろうかと思ったものだ。

しかし朝鮮語で呼ぶ固有の名は「ソウル」である。そのソウルは漢語ではないから一度も漢字で書かれることはなかった。いな、書けなかったのである。だから今日の中国での呼び名も、歴史的な「漢城」以外にはあり得なかったのである。

韓国の人も政府も、日本人がソウルを「京城」と呼ぶのを許さないのと同様に、中国が「ハンチョン」(漢城)と呼ぶのを許さないのは道理に合った話である。

聞くところによれば、中国政府は韓国からの抗議を聞き入れて、「漢城」をやめ、かわりに「首午尓《ショウル》」、「首尓《ショウル》」などの案が出たが、結局後者におちついた。韓国からは首烏爾、首塢爾などとするよう要求があったということである。このことは、中国の外国語固有名詞表記について、執念をもって調べつづけた伊藤耕君の報告にもとづいている。

いっさいの漢字を廃してハングル専用を法律に定めて実行した結果は絶大なものであった。まずこれによって字の読めない人はほとんどいなくなった。まさに、ハングルこそは朝鮮語人をまるごと、世界で最も教養ある民族の一つに押し上げたのである。それまでは漢文という外国語をみずからの出世の武器として利用していた官僚によって、公的言語世界が支配されていたのだから、多くの人が母語による読み書きの生活をもっていなかったのは当然のことである。

ほとんどすべての人を文字が読めるようにしたハングルの偉大な成果をすっかり忘れてしまい、漢字なしでは過去の文化遺産に手がとどかなくなり、学術用語の大部分を占める漢字の知識がおとろえたために、韓国の学術は衰退したなどと、私と同年代の学者たちは歎く。そしてやはり、日本のように漢字を復活しなければならないというぐあいに。

それに対して私はこうこたえる。これからは漢字に依存しない、漢字と手を切った、朝鮮語独自の文体を作って行けばいいではないか、もちろん、五〇〇年かかった病気から離れるには五〇〇年はかかる覚悟はしなければならないだろうけれどもと。

最近の日本ではますます漢字への偏愛——とりわけこどもたちの名に、かんたんにはオトにしえない字を持ち込んでそれに発音記号（ふりがな）をつける好みが、ますます日本語をゆがめ、コミュニケーションの効率をさげている。人名は個人的なものではあるが、同時に極めて社会的なものである。このような風潮はすこぶるめいわくで反社会的で、ことばというものについての本質的な洞察を欠いた趣味である。

韓国の権威主義的な知識人が、漢字が使えなくなったことをどんなに歎こうとも、ハングル文字の生活はすっかり定着してしまった。それはもうもとにはもどらないし、もどしてはならない国民的成果でなくて何であろうか。さらに見落としてはならないのは、韓国が先進的な企業活動で驚異的な成果をあげているのは、これまたハングルがもたらした業績にほかならないことである。

じつは中国そのものが漢字とたたかっている

中国語は、日本語のようにかな文字も、また朝鮮語のように、ハングルも生み出さなかった。もちろん注音字母のような発音記号が考案され、日本においても「支那語」と言われていた時代の学習に際して実用されたこともあるが、それじたいを日常の便として自立して用いられたことはほとんどなかったのではないか。いずれにせよ、かなやハングルはオトを表す文字だが、漢字は直接オトを表せなかったから、外国語音も、当然ながら、すべて漢字でうつすしかなかった。そこで「サンフランシスコ」は「桑方西斯哥」などと書いた。私がこどものときに見た漢字表記はそのようになっていたので、日本の新聞も、最初の桑《サン》だけをとって、「桑港」というように表記していた。その後、多少意味をとって表記した「聖弗蘭西斯科」というのもあるらしいが、私にとっては、やっぱり「桑」の方が定着している。

私の生まれ育った地方は養蚕《ようさん》（かいこ飼い）がさかんで、あたりは一面の桑畑だったから、桑はなじみのある植物なので、サンフランシスコとは「桑畑のある港」だと勝手に想像し、敵国ながら親しい気持を抱いていた。

いま現代中国語辞典を見ると、「旧金山」となっていたのでびっくりした。ピンイン表記は Jiujinshan（ヂウヂンシャン）で、現地でも国際的にも用いられているサンフランシスコとは似ても似つかないオトになっているし、文字の意味も何か佐渡が島の廃鉱のような感じである。

なぜ「金山」か。しらべてみると、港の入口にはゴールデン・ゲイト・ブリッジ（金門橋）のかかるゴールデン・ゲイト、つまり金門がある。ゴールドラッシュ時代の名残りであろう。私はアメリカにもサンフランシスコにも一度も行ったことがないから、知ったかぶりの話はいいかげんにして、ここで切りあげよう。

日本で全くなじんでしまった「仏蘭西《フランス》」は、日本語では「英仏海峡」というように、「英雄とほとけさまの間をむすぶ海」となり、いつの間にか、頭の中でフランスと仏教の間に関係ができてしまい、私はのちに、フランスがアルベール・ル＝コックのような仏教遺跡の研究家を生むのは当然で、必然のように思うようになった。

ところが、フランスときってもきれない「仏」の字は、現代中国語では「法」で書くから、フランスは「法国」となっていて、すっかりイメージが変わってしまうのだ。

ちなみに、フランスを「法」、ドイツを「徳」などと何でも一字にしてしまうのは、その名前のすべてを、漢字を長く連ねて書いていたのではやりきれないので、何でも一字ですませてしまう習慣ができたのであろうが、これは困った結果を引き起こすこともあるのだ。今日の中国語にはマンジュー（満洲）族はいなくなり、満族しかいないのも、漢字の困った性質による。ハルビンには「満族」や「満語」を研究するりっぱな「満族研究所」はあるが、満洲族や満洲語は学問のことばとしても存在しない。満洲族のある人が、自分たちの話しているのは満語じゃなくてマンジュー語だと、力説しているのを聞いたことがある。

「満洲」という、この二文字を合わせた民族も地名もない中国の地図で、一ヵ所だけこの文字の出てくる場所がある。それは、「満洲里」だ。ロシアがシベリア鉄道につらなる東清鉄道を敷いたときに、ロシアは、マンチュリアの地に入る最初の駅だからというので、マンチュリアと名づけた。その漢字表記がこうなったのであるから、「満洲里」は本来の漢語ではなく、あえていえばロシア語のうつしである。

漢字にもカタカナが必要だ

一九八〇年頃だったと思うが、日本語関係の学会の催しで台湾を訪れて講演したとき、聴衆の一人から、台湾の漢語（かれはそうは言わなかった、台湾語と言った）に、カタカナを入れて使うと便利だと思いますが、どうでしょうかと質問を受けた。この質問に、「いいことですね」などと答えたら、たちまち「日本語支配の擁護」による「内政干渉」だと言い出す人もいるかもしれないと思ったから、「それは皆さんがきめることとです」と政治家のように答えたのをおぼえている。日本語を使いなれた台湾人には、固有名詞や外来語を記すのに、カナを使いたいというのは切実な願いであるらしく、また形からみてもカナはもともと漢字に由来するものだから、漢字文の中にまぜてもよくなじむからである。

日本語がかなを持っていることは、日本語に少しでもふれた中国人ならば、すこぶる便利で有益なことだと思っているらしい。中国語が感じる不便は、こうした固有名詞、外国語表記のばあいだけではない。

漢字しかないために中国語が人々に与える重圧と不便は、文字を使う階級が、人民を食うや食わずの状態におき、かれらから搾取することによって、たっぷり時間を独占していた時代には、それほど深刻ではなかったかもしれない。そこでは、いくらでも文字をおぼえて使いこなせる、数パーセントの知識官僚層がいれば十分だったのだ。

しかし、今日人民が解放されてすべての人間が文字をつかうようになったらそうはいかなくなる。文字を論ずる人たちは、たいてい文化の問題として、時には表記の多様性・豊かさとして語るのを好むけれども、それは単に文化の問題にとどまらず、政治と社会の問題に深くかかわっていることを知るべきだ。漢字の悩みはまことに深いものだ。「桑港」と書いて、漢字はやっぱり味わいがあるなんて、お茶でも飲みながらしたり顔して合づち打っていられるのは、日本語はいざとなればかながあるぞという「ヨユー」の言語だからである。

魯迅と銭玄同

弱まり行く清朝の末期から、日本に留学した若い中国人たちは、みな、漢字がなくても書ける日本語に強い感銘を受けた。清国が衰え、日本が近代国家をめざして発展しつつあるのも、ひとえにかな文字のせいだと考えた人たちは多い。

ヨーロッパに留学した若者たちもアルファベート文字の便利さを痛感したはずだが、しかしそこはもともと漢字を全く使ったことのない国々であるから、漢字とは無縁の別世界であった。それに対して日本は漢字をとり入れ、それにしがみついた国でありながら、そこから脱出の方途も模索しつつあったから、より中国の参考になり得たのである。そして、日本が中国に先んじて近代化できたのは、ひとえにかなを発明したことにかかっていると考えた人がいたとしても、けっして短絡ではなかった。

日本に留学したことによって、漢字の害を痛切に感じた人に作家の魯迅（ルーシュン）がある。かれは、その思いを「漢字が滅びなければ、中国が必ず滅びる」と表現したことはよく知られている。かれはさらに、中国が死ぬ前に自分が死ぬとさえ言っている。いわく、「漢字は、中国の勤労大衆の身にのしかかる結核みたいなもので、病菌が中にひそんでいる。漢字を除きすてなければ、自分が死ぬほかはない」(藤堂明保『漢字の過去と未来』九五)と。

しかしルーシュンだけが特別に過激だったわけではない。このことばは、その時代に民衆のことばに基礎を置いた「白話文学」(文語によってではなく、日常話しているふだんのことばで書いた文学)の創出にあたって中国知識人が感じた苦悩を象徴的に示している。チエン・シュアントン(銭玄同　一八八七―一九三九)は早稲田大学留学中に日本のローマ字運動、カナモジ運動、エスペラント運動など、いくつもの言語改革運動にふれてそれに感化され、あげくのはてに放った有名なことばは次のようなものだ。

中国が亡国にならず、中国民族が二十世紀文明の民族になるには、儒学を廃し道教を滅ぼすのが根本解決法であり、孔門の学説や道教の妖言を書いた漢文［漢字］を廃するのが根本中の根本解決法である。では漢文［漢字］を廃したあとどんな文字に代えるかといえば、文法が簡潔で発音が整然とし語根の精良な人為文字エスペラントにまさるものはない(倉石武四郎『漢字の運命』八一)

銭玄同のこの文章は一九一八年に書かれたものであるが、日本ではこれに先だつ半世紀前に、森有礼が日本の公用語として英語を導入してはどうかという問題を提起したことはすでに述べたとおりである。それに対してホイットニーは、日本語は漢字をやめて、かなを用いれば、英語の助けなんていらない立派な言語になれると答えている。かなは当時、欧米の言語学者にもよく知られ、言語学や音声学の概説書でも、かならずと言っていいほどふれられる文字であった。かなは、漢字の支配から脱出し、日本語が自立するために、日本の、とりわけ女たちが手にした武器だった。

日本語に比べれば、銭玄同が中国語について提起した問題ははるかに深く本質的なものだ。それは単に表記すなわち文字をかえれば救えるというものではなく、漢語という言語そのものがだめだと言っているのだから。これは言語の中に原始的なおくれた言語と、文明の段階までに達した進んだ言語とを区別することによって、「進化論」が言語の評価に与えた、最もかんばしくない影響であった。文字は変えられても、言語は変えられないものだ。まことに母語は、「自らの母親がどんなにみにくいから」と言って変えられるものではないのだ（上田万年・本書22ページ参照）。

後になって、銭玄同はこの発言をより冷静に言いかえている。

文字を廃しても言語は廃せられず、こうして漢語が廃せられない限り漢語を表わす記号がなくてはならず、そのためローマ字で綴るのが一番便利だということは僕も一年前に考えていたことであるが［……］音標文字では意義が混雑するということから、ついに初志をひるがえしてやはり漢文［漢字］を用い、ただ字数を制限し、その旁に注音字母をふるということに主張を改めた。（倉石　八二）

あの過激な銭玄同が、ここではラテン化するなどの標音路線をすらあきらめて、かなりおだやかな線まで後退したのである。

今日の中国語の姿は、銭玄同の夢をある程度までは実現している。

中国の文字改革（簡略化）は急速に進んだ。「飛」を単に「飞」、「電」を「电」、「郷」を「乡」、「開」を「开」とするなど、日本の漢字に比べてはるかに大胆なものである。日々書く文字はもはや風流人の鑑賞用や、知識を競って漢字塾を富ませるための不健康な道具ではなくなっている。

中国の知識人が漢字を桎梏《しっこく》と感じるその重さは日本よりはるかに深刻である。日本人が漢字をゲームのように楽しんで、老人のボケ防止用のおもちゃになどと言っていられるのは、いざとなったら頼れるかな（カナ）文字があるからである。

今日、中国の言語問題、とりわけ漢字の問題はすべて解決ずみで、そんなことはもはや問題にならないと考えている中国人がいたら、それは思慮の浅い人だし、そんな人はまずいないだろう。

古今の教養に通じ、経験深い政治指導者は、片時も言語問題の重さを忘れてはいないと思わせるエピソードがある。

一九七四年のことだと言われる。日本の訪問団が中国を訪れた際に、一行の代表西園寺公一氏が、中国側に、かつて日本が中国に加えた蛮行をわびたところ、鄧小平《デンシアオピン》氏は、「中国もまた日本に迷惑をかけた。一つは『孔孟の道』を伝えたことであり、二つ目は『漢字の弊』を与えたことだ」と応じたという。

一九七四年頃といえば、日本の言語的保守勢力が、それまで続いていた改革の雰囲気をはねのけて一気に復古気分を盛り上げはじめた頃であり、私は新聞や雑誌で時おりそれに抵抗したのでよくおぼえている。漢字はめいわく文字で困るなどと言いはじめたら、文化破壊者だと言わんばかりの雰囲気がみなぎりはじめていた。

私がよくおぼえているのは、一九七五年五月二日号の『朝日ジャーナル』が掲載した座談会の記録「漢字を使っていてよいか」である。この座談会の中で大野晋さんは「漢字の重要」性を次のように述べている。

「明治時代になってもう一つの異質の文化を日本が受け入れる状況に至ったとき、どうしてこんなに早く日本が東南アジアや中近東の国々と比べてヨーロッパ文明を受け入れることができたかといえば、やっぱり漢語という媒体を使って、ヨーロッパ語をいっぺん漢語で濾過することで持ち込んだというプロセスが働いたと思うんです」と述べている。

これがまさに柳田國男の言う、「出世主義の書生」（本書212ページ参照）の考え方を代表しているのである。私はこの発言より二〇年前の頃の大野さんを知っているから、時代の流れが人の考えをどんどん押し流すものであるかをつぶさに知ることができた。その頃の大野さんの考えはこれとは全くちがっていた。

「国語を愛するということはどういうことですか」というような課題を出して、その答は、「日本語本来の可能性を引き出して、漢語によらない日本語の造語力を高めることです」という解答を期待するような人だったことを私はよくおぼえている。そのような大野さんの考え方をひっくり返してしまったのが、一九五〇年代から七〇年代までの間に起きた、日本語ではなく日本という国の変化だったのだ。大野さんはたしかに時の流れに乗りやすい、すなおな方だったとしても、それは大野さん個人の問題ではなく、また言語だけの問題ではなく、日本の政治・経済の状況とも深くつながった、日本人の意識における保守化・反動化という思想状況の大転換だったのだ。

とにかく、日本の世の中はまさにそうした大転換の時期にあったから、鄧小平さんのそのような発言には驚いて深く考えていいはずだった。日本語はもともと漢字なくしてはやっていけないようにできていたのだ——というのが一九七五年前後の日本の文化人たちのあたまを規定していた——その恵みの漢字を迷惑だったとわびた鄧小平さんのことばを理解できた文化人はいなかった。

しかしこの頃から、日本人は真に考えるべきことを考えずに、外国人が何か言うと、都合のいいところだけをとって、あとは聞き流すという、いいかげんな流儀を身につけてしまったのである。

鄧さんは一九八九年の天安門事件で学生を弾圧したりした困った人だが、まだ十代の若い頃にパリに留学してフランス語にふれ、漢字の困った点を十分に知っていた人にちがいない。

さきの座談会にもどるが、もし私がこの座談会に出ていたら、私は大野さんに、即座に、「ヨーロッパ語をいっぺん漢語で濾過する」ってどういうことですかとたずねたはずだが、しかしもともとそのような失礼な質問をしそうな人間を雑誌は招くはずがないのだ。日本のジャーナリズムもまた、じわじわとくさりはじめていた。

すでにほのめかしておいたように、漢字の問題は、中国においてはかなりな程度において政治の問題であり、とりわけ民族問題にかかわるものであり、ほとんど言語学者が出る幕ではない。中国ほどではないにせよ、言語問題は日本でも政治と、政治の重要な一部をなす文化政策に従属しているし、また従属する人間をつくり出し、それを利用するのである。だから、言語学者が漢字をどうするかと問われることはほとんどないので、言語学者の方もまともに答えることは避けるであろう。もし言語学者が問われたらどう答えるかは、あとで引く服部四郎の答につきるであろう。

漢字の問題を議論する権利は、ほんとにそれに苦しめられている人たちの手からとりあげられて、自分の営業上の利害からだけものを言う、無責任な芸能人やもの書きたちの手にもっぱらゆだねられてしまったのである。

漢字とたたかうための中国との共闘

日本の文化人は、朝鮮語が漢字を拒否したことを、冷ややかなまなざしでながめ、その改革のために努力している人たちの足をひっぱろうとしている。だから漢字を捨てたことによって生ずる困難が少しでもうったえられるようなことがあれば、それ見たことかといいたげな態度をとる。

中国の漢字に対しても同様である。見なれない略字（簡体字）に出会うと、これは漢字文化圏の連帯を弱めるばかりだと批判し、日本の略字と一致させるべく、中国とのあいだで漢字についての話しあいの機関をもうけるべきだと言ったりすることがある。こういうことを言う人には新しい発展から学ぼうとする気持がまったく無く、本心は、自分のみが正しく、相手が近よるべきだという思いあがった気持であろう。

したがって、そういう意見を持つ人のだれ一人として、現代中国語を学んだことがないので、なぜ中国であのような文字が生まれるかを理解できないのである。ここにも、朝鮮語の脱漢字を歓迎せず、にがにがしく見る日本人と同じ、自己中心の態度が露骨にあらわれている。

もし本気で中国の漢字と日本の漢字との一体性を持とうと思うならば、中国で成功し、また日本語にもとり入れることのできる漢字をどんどん用いるべきだ。従うべきは中国側ではなく、日本の方である。

すでに述べた「飞」（飛）、「电」（電）は大いに役立つし、何よりも「汉」（漢）などは使ってみると大変便利であり、私は原稿にこう書いて、編集者にはなっとくしてもらうようつとめたい。

私は本質において、「漢字は日中共通の敵」だと思っている。いな、魯迅の口ぶりを今ふうになぞって、いっそ人類の敵だと言うべきなのだが、いまや漢字を使っているのは日中台だけになってしまったから、ここで「人類」を持ち出すのは大げさすぎる。それはもはや敵にはなり得ない、敵以前の問題なのだ。やめてしまえばもはや敵ではないけれども、簡単にやめられないから敵なのだ。そのことは、「漢字が滅びなければ、中国が必ず滅びる」と言った魯迅の心境である。

だからこそ、漢字の原理は大いに研究されなければならない。

日本人と漢字——最後に残る漢字圏の問題

どんな言語でも、そのことばを読み書きする人口が少なくて、役人とか、学者とか、お坊さんとか、特別の階層の人に限られている場合には、文字の数がどんなに多く、また読むにも書くにも不便であってもいっこうにかまわない。いな、知識や技術を、特定の支配階級が占有している場合には、その方が民衆には口を出させないでおき、自分の支配的な地位を独占しておこうとする側にはつごうがいいのである。この原理はいまの日本でも生きている。すなわち政治家や官僚には、かれらの地位と権威を保障してくれる特別のことばづかいが、学会には、とりわけ歴史学にかかわるところには同様の現象がみられる。このような閉鎖集団における特別な用語や話しかたをジャルゴンという。

ところが近代国家ができあがって、その政治、文化に市民、国民が参加するようになると、読み書きのことばはすべての階層に共有されなければならなくなる。そうなることこそが近代国家の前提として必要になるからだ。

そこで、日常話されない文語（たとえばラテン語、漢文）ではなく、だれにでもわかる日常のことばにもとづいた「文章語」が必要になってくる。ここで言う「文章語」とは、文語に対立する単なる口頭語ではなく、その「口頭語にもとづいた書きことば」という意味で用いることにする。日本では、それが「言文一致」運動という形をとって現れ、そのような文章語をつくるために、学者、文化人たちが理論的に議論をふかめる一方、作家たちが「言文一致の文体」をつくるために実践し、作品を書いた。今日の日本語は、こうした先駆者たちの努力のたまものである。

この文体とともに、すぐに連動して起きるのが、それをどのような「文字」を用いて書き表すかという問題である。

言文一致の文体は、話しことばを土台にして作られている。話しことばとはそれが文字で書いてあっても声にして読みあげることができ、日常の知識でそれを聞いてわかることばのことである。文字をみなければ何を言っているかわからないような文章では、言文一致が成功したとはいえない。

おそらく枕草子や竹取物語などが書かれた時代には、人々の大多数が文字を知らなかったから、これらの作品は、聞いただけでわかったのであろう。どうしてかといえば、「そうとしか、ほかに読みようのない」文字、つまりオト文字で書かれていたからである。それは、漢字で埋めつくされ、どう読んでいいかわからず、また聞いただけではすぐには理解にとどかないような作品をしりめに、どんどんひろがって行ったのである。

このように、漢文とか、ラテン語が必要とするような、特別の知識がなくても理解できる、標準文語からずれた俗のことばを、ラテン語圏の西洋ではロマン語、あるいはロマンス語といった。その意味するところは、ラテン語ではなくて、ローマの通俗の話しことばのことを言い、そのことばで書かれた、内容もまた古典ではない俗っぽい作品を「ロマン」と呼んだのである。たいせつなことは、ラテン語を学ばなかった男たち、とりわけ女たちのほとんどすべては、ロマン語によって、はじめて読み書きの生活に入ることができたのである。

西洋では、この大きな冒険を最初にやった人がダンテとして記憶され、日本では女たちがダンテの役割をはたしたのである。

日本語はこのような輝かしい歴史をもっているのに、いつの間にか、漢字で武装して権力の座につき、ひまと時間にものを言わせ、文字の知識で人民をおどしつけながら権力をにぎりつづける役人やそのおべっかつかいたちが政治を動かすようになった。

漢字使いの得意な人たちは軍人になり、漢字をもてあそび、いろいろと戦争用語を作って国民をだまし、日本をとんでもない、悲惨な状態に追い込んでしまったことを忘れてはならない。

一九四五年、日本が戦争にまけたとき、アメリカ占領軍は、日本がこれほど異常な絶望的な戦いをやることができたのは、国民の目をくらます、悪魔の文字、漢字のせいだと考えたのには、十分な理由があった。日本人も、それはそうかもしれないと考えて、しばらくの間は反省した。しかしみるみる漢字の力が盛り返し、その結果は、せっかく日本語をやろうという外国人も追い払ってしまうほどに、もとにもどってしまう結果になったのである。

日本語の逆走

占領軍に言われずとも、日本人自らが、漢字の負担に苦しんできたのであるから、漢字がなくともやって行ける日本語をと考える、百年近い運動の歴史があった。だから占領軍の方針と、日本側の考えるところが一致する点があったため、戦後しばらくは、かなり思いきった改革が進んだ。私の世代はそうした改革が急速にすすんで行った流れのただ中にいた。

どうやら世の中には、占領軍が日本人のたましいを骨抜きにするために、日本語表記の改革やローマ字化を強制したと考えている人たちがいるらしいけれども、そう考える人たちは、事態の本質を知ろうとせず、ただ、何者かからの入れぢえでそう考えているだけなのだ。ちょうどそのような時代の流れの中で文字教育を受けた私には、強制ではなく解放だったという思いが強いのである。

まずかなづかいだ。いまはもはや「いぬ」(犬)と「ゐど」(井戸)、「えだ」と「ゑのぐ」の区別をしなくてよくなったありがたい時代だ。今はなくなったらしいが、私のこどものころよく使っていた「おうさま（王様）クレヨン」はなぜ「わうさま」でなければならないのかと、なやむ必要はなくなった。

漢字も「聲」でなくて「声」でよく、「變化」ではなく、「変化」でよく、「學校」でなく「学校」でよくなった。おかげで書く作業が考える速さについて行けるから、文章がすらすらと思考の歩みをとめずに早く書けるようになった。もう、もとにはもどれないし、もどったとしても、その努力がむくわれるようなどんな利益もない。だれのための利益だろうか。

しかし、反動が起きた。反動勢力はこどもではなく、むつかしい字、不自由な「かなづかひ」によって、自らの特権的利益、あるいは特権的趣味をまもろうとした大人と、それにしたがう新大人たちだ。よく考えてみたら、その動機は自分の古典の知識をひけらかして威張りたいためだけのこどもじみたもので、そんな動機で人にめいわくをかけるのははずかしいことなのだ。それを伝統の維持のためなどと言っているが、そんな伝統はだれのためなんだ。自分にとってはつごうがいいかもしれないが、そうでない人にははためいわくなだけだ。

聞くべき柳田國男

その頃、こどもをちょっと抜け出しかけていた私は、おとなやとしよりたちは、なべて漢字が大好きで、自分の文字の知識をふりまわして、無学の人民の上にふんぞり返っているわからず屋のじじいばかりだと思っていた。
ところが、当時、いかにもじじいさんっぽいいでたちで写真などに出ていた柳田國男という大学者の次のような文章に出あって、人は見かけだけで判断してはならないと深く反省したのである。次はこの人が昭和一〇(一九三五)年に書いた文章である。

近年の洋語流行は新たにその最も奇抜な実例を多く作つたが、それに先だつて所謂漢語の濫用が、可なりに我々の言葉を変ちくりんなものにして居る。書生が社会の枢軸を握つた時勢の、是が一つの副作用であつたのであらう。[……]維新は更に其傾向を拡大したのである。(『定本柳田國男集』第一九巻一八五—一八六)

そうだったのか。明治維新は日本の近代化のはじまりをつげる政治・文化の大変革だと思っていたのだが、じつは漢字語をどっと増やしたのは明治維新だったということをこの文章は教えてくれた。そうして漢字語を増やした張本人は、明治革命を担った「書生」どもだったのだ。

「書生」ということばは、今や廃語であるから、私はその感じがしっかりとはわからないのだが、大槻文彦の『言海』（一八八九）はそれを「書を読みて学ぶ人」と説明しているから、「学問する人、読書人」、あるいは今でいう「文化人」もしくは「文化人になりたがっている人たち」と解しておこう。そうして、さまざまな状況を見ると、この「書生」の代表格は西周だったと高杉一郎さんなんかは考えていた（本書95ページ参照）。すなわち柳田の観察によれば、明治維新を担った若い知識人、「書生」階級が権力をにぎったせいであるという、いまで言えば社会言語学的分析が展開されているのである。柳田國男はその過程をさらに次のように述べている。

> 東京の住民などはまだ江戸と謂った頃から、既に感覚は可なりに精緻になつて、間に合せながらもやゝ豊富な心意現象の用語をもつて居た。それを維新のごく短い期間に、すべて二字づゝ繋がる生硬の漢語に、引替へてしまはうとして居たのである。（同一八九　傍点は田中がつけた）

つまり、日常の日本語で不足なく言える表現をわざわざ漢語に置きかえてしまった

——言いかえれば明治革命とは言語的には日本語を漢語化する過程であったのである。それはまた、当時残っていた多様な各地の方言的表現を、漢語で置きかえて追い出し、日本語ではなく、漢字を用いて標準語へ統一しようとした過程だったのである。

柳田はその際の漢語の効用を全く無視しているわけではない。

成程この隣国の文字を借用した御蔭に、得がたい無数の知識は我々の間に、いとも手軽に運搬せられて居たことは事実で、是を総括して拘束と呼ぶのも不当かは知らぬが、一方に之を余りに調法がつたが為に、言葉を重苦しく又不精確にした迷惑も小さくない。（同一九一―一九二）

そして、そのような社会に入ってしまったら、いかに批判的なたちばをとろうとも、そこから出られない自らをも、次のように自嘲している。「全体私なども既にかぶれて居る様に、男なら是非とも漢字沢山の文章を書かなければならぬといふことも因習である。中世には漢文［漢字］の知識も未熟な癖に、公文は全部あちら文字ばかりを使はうといふ趣味だか約束だかゞ固かつた為に、それは〳〵馬鹿々々しい沢山の宛字が出来て居るのである」（同一九二）。

「馬鹿々々しい宛字」の例として、ヤッカイを「厄介」と書く例をあげている。柳田によれば、これはもと「家《やか》と居《ゐ》との組合せで、本来はたゞ同居人といふことであつた。是を公文に必ず厄介と書くことになつて、次第に此一語の感じを悪くした」（同一九三）のだそうである。

漢文は、その文字が読むにも書くにもむつかしいだけでなく、文字そのものが意味をもっていて解釈を与えてしまうから、このようなことが起きてしまう。読者も、自分自身の経験から数多くの例をここで何百も加えたい気持になるであろうが、先をいそぐ。

すでに二〇〇〇年も前に

一九七〇年頃までは、漢字の弊害を痛感している人がまだ多数を占めていたが、八〇年代、九〇年代に入ると、書けることならば何でも漢字で書くのが正当だという気風がひろまり、二一世紀に入った今日いまや、漢字の制限がいかに不自由をもたらすか、それは文化の破壊だとまで言う人が出てきて、やりたい放題に漢字びたしでやろうという声が圧倒的に強くなった。それは、自分の手では書けない文字でも、キカイが書いてくれることになり、——つまり書けなくても書いてくれるから——という、恥しらずな読み書き生活が当然のこととなりつつあるからである。
これが、今日訪れている、むしろ文化破壊とも言うべき異常な時代だということは、今こそ気づいておかねばならない。そのことに気づき、知るために、今から二〇〇年以上も昔、一七九七年、日本人がヨーロッパの言語にふれたときの深い驚きを表明したものとして、次の文章を引いておきたい。

我国ハ支那ノ文字ヲ習テ其理ヲ弁ゼリ、博学ノ名アレドモ其所知ハ支那一国ノ故事来歴ニ過ギズ［……］且唐土ノ文字ハ字数多クシテ、国用ニ不便利ナレバ外国ニ通ジ難ク、漸ク朝鮮琉球日本ノ三ケ国ノミ通用セリ、［……］欧羅巴ノ国字数二十五、異体共ニ八品アリテ、天地ノ事ヲ記ルニ足レリトセリ、是以簡省ナリ、唐土ノ国字数千万ヲ記憶セントセバ生涯ノ精神是ガ為ニ竭トモ、イカデ得ベケンヤ、大イニ戻レリト云ベシ（本多利明の言、平井昌夫『国語国字問題の歴史』一四二　三元社）

これは二一〇年前の主張であるのに、今日まだなまなましいほどの実感があるだけでなく、現実の大問題としてほとんどそのまま残っているのである。
この文の筆者はその翌寛政一〇年、一七九八年に、「支那の文字数万あるを記憶せんとせば、生涯の精神これが為に盡すとも、いかで得べけん」と重ねて述べている。

漢字は、アルファベートとちがって、一字一字が意味をもっているから、一字の意味と成り立ちを学べば、たしかに五万字を身につけたとすれば五万の意味を手に入れられることになるから、漢字を知るだけで宇宙・人倫のすべてに通じたことになり、大いに意義があると考えることもできる。

それにしても何という不幸な一生であろうか。しかしある人の不幸は他の人々にとっては利益であるという原理からすれば、今のような漢字ばやりの時代には、漢字屋さんにとっては、それだけで生計が成り立つほどの利益をもたらすありがたい文字だとも言える。

私は、漢字に興味をもってはいけないというのではない。漢字の考古学をやる人はいてもいいが、すべての人がそれをやる必要はなく、まして入学試験などで、人の能力・知力を測るための道具に利用してはならない。漢字を知っていても頭の悪い人、いな、漢字を知っているためにかえってアタマを悪くしてしまった人たちを私は数えきれないほど知っている。

どうしても漢字をやりたいなら、現代中国語を学んだらいいだろう。いや、日本人は漢字の本質をよりよくしるために、ぜひとも生きた中国語を学ぶ必要がある。そうすれば、漢字の重圧に苦しむ人たちが、いかにたたかって今日の状態にまで到達したかをそれによって理解することができるであろう。

さきに引いた本多利明（一七四三―一八二〇）の文章は、よもや外国人が金を払ってまで日本語を学ぶ学校に入り、日本語を学んでくれるなどとは、かつては想像もできなかったような時代に書かれたものである。

ところがその後二〇〇年を経ると、日本語は外国人も学んでくれる、それのみならず、外国人にも学んでほしいと日本人が願ってもふしぎではない言語になった。

そうしたばあいに、日本語に出会う外国人がどのような困難を味わうかを客観的に理解させることのできる学問があらわれた。言語学である。この学問は個々の言語の固有の特性に注目すると同時に、人間として生まれたら、どのような言語であっても学べるという、言語の根源的な普遍性に目をひらいてくれたのである。

服部四郎の憂慮

次に引くのは近代言語学の方法によって、満洲国のホロンボイル地方で話されているモンゴル語のホロンボイル方言の調査のために滞在したとき、服部四郎がもらした感想である。先に掲げた柳田國男は、日本の国内問題として、日本語の表記法を問題にしたのであるが、その同じ一九三五年に、服部は、外国人が学ぶ言語としての日本語、という現実から述べた感慨である。

……〔以下に述べるのは、私が〕他民族に接して始めて、動かすことの出来ない程度に堅くなった意見である。〔……〕思うに日本民族は、将来漢字を棄て表音文字（ローマ字・仮名等）を絶対に採る必要がある。〔……〕表音文字を採らなければならないと考える理由は、第一に漢字が日本語そのものを壊している事実は著しいものである。どう云う字を書きますかと聞き返さなければならない言葉、即ち見てはわかるが聞いてはわからない言葉の如何に多い事よ。かゝる単語の多いことは、日本語が言語として不完全なる事を意味する。〔……〕

第二に、日本人にとって国語学習が遥かに楽になる。習って了った人々にはわからない事であろうが静かに回顧反省し、又児童学習の状態を冷静に観察するならば、漢字学習の為めに驚くべく多量の時間と労力が払われている事がわかるであろう。その時間と労力を現代文化吸収に向け得たならば如何に有利であり効果的であろう。学ぶべき事多きに過ぎる時代である。

第三に、漢字を使用しない異民族に日本語の学習がどれ程容易となるかわからない。[……]日本語が表音文字で書かれていたら、西洋にも学習して呉れる人々がずっと多く出て来るであろう。今の状態では、西洋人に見せたくない論文は日本語で書けばいゝのである。日本語は表音文字を採用することによって始めて世界的言語となり得るであろう。書物を通じての日本文化の宣揚、それは漢字を捨てることによってのみ望み得る事である。(服部四郎『一言語学者の随想』汲古書院　一九九二　三二—三三)

ここに引いたような意見は、様々な論者によって折にふれくり返し述べられていて、誰でも一度は見たり聞いたりしたことがあるはずだから、特に新鮮な意見には見えないかもしれないが、いま一度、この意見をよくかみしめてみるべきであろう。

服部さんの指摘の中でたいせつなことは、単に漢字がおぼえにくい、学びにくいというだけでなく、日本語を「不完全」にしているという認識である。では「完全な言語」とは何か、それをわたくし流に言えば、「自立した言語」ということになろう。言語学の理論的前提によれば、すべての言語はそれじたい「完全で自立した」体系であるはずなのに、日本語は文字の助けがないと自立できない言語なのである。偏見のない新鮮な目ではじめて日本語に接する外国人は、ただちにそのことに気づくはずである。

この文を書いた服部四郎は俗にかかわることについてはほとんど発言することのなかった、超俗の人としてよく知られている。その人が、これほどまでに実践上の提案をしていることは、氏がどんなに痛切に日本語の将来を憂慮していたかを示すものであり、その憂慮は七〇年を過ぎた今日もそのまま残っているのである。

第四章　「脱亜入欧」から「脱漢入亜」へ

日本は中国と「同文同種」か

日本と中国との親密さ、その「切っても切れない」関係の深さを表現しようとして、「一衣帯水」とか「同文同種」とか、漢字を四つつらねた慣用句がよく持ち出される。このような「四字熟語」は、人々から批判力、判断力を奪って、よくはわからないうちに、わかったと思わせてしまうような効果をもたらす、危険で要注意の表現である。戦争は、「八紘一宇」だの「鬼畜米英」だの、そのほかすぐにはわからなかったり、やたらに強がったりして見せる漢字のつらなりで、国民をだまし、ついには悲惨な敗戦となったのである。

「一衣帯水」とは、一本の帯のような、幅のせまい水、つまり川や海のことを言うのだそうである。このことばをよく耳にしたのは、戦後間もなく、中国から友好団体の人たちがやってくるたびに、中国と日本とは「一衣帯水の関係にあり……」とよく口にしたあいさつなどでだ。ほんとうの意味がわからなくても、何度も聞いているうちにわかったような気になるだけでなく、わかっているようなふりをしないと世間をわたって行けず、はずかしいと思わせるほどの圧力を持っている。その意味がわかったときに、何と実感の伴わない、うそっぽい言い方だろうかと思ったものだ。こどもの頃、命がけで海を渡った遣唐使の話を読んで、ほんとうは中国との間には、生きて帰れないかもしれない危険な海がへだてていることを知ったからである。

どうしてもこの語を使いたいなら、ほんとに目の前にクナシリとか水晶島などが見える、ロシアとの関係について言うべきだろう。しかしこの言い方は、ほとんど中国のために用いる専用表現になってしまった。ロシア人は漢字を知らないから、決して「一衣帯水」などとは言わないのである。

「同文同種」の方はどうであろうか。これは「同じ文字を用いる同じ人種」だという意味であるらしく、もちろんここで言う「文字」とは漢字のことである。たしかに日本は漢字も使ってはいるが、ことばまでは同じではない。いな、同じであるどころか、日本語と中国語は相当ちがった言語であることはあとでゆっくり見ることにしよう。

そして人種が同じかどうかについて議論するのはかなりむつかしい問題であるが、

少なくとも同じとは言いにくい。黄色人種であることが共通点であるとするならば、対白人、対黒人を意識した、かなり人種的偏見をささえとした言い方であって、こういうことを口にすることじたい、国際協調に反する、時代ばなれした言い方である。「一衣帯水」も、ロシアを念頭に入れると、ずい分と浮いた言い方としてふに落ちにくいが、同文同種はもっと古めかしい、アジア主義的なにおいがまとわりついている。この方はどうも日本人が広め、愛用した形跡がある。というのは、むかし日本が中国に設立した「東亜同文書院」という、学校の名を思い出してしまうからだ。

この「同文」の中には、同文だから日本が中国を支配してもいいという、言外の口実のようなものがしのび込ませてあると私には感じられる。

日中それぞれの政治家は、それぞれの、おりおりの都合によって、適当にこうした紋切型の四文字熟語を使うのは勝手だが、学者までが、こんな検証もされないことばに手を出してしまうようでは、学問ももう終わりだと言わざるを得ない。

中国語は日本語よりも英語に近い

今の若い人たちには、とても信じられないことだと思うが、私がこどもの頃は、学校で英語を教えることは禁じられていた。英語には「敵性外国語」というレッテルがはられていた。

ところが戦争に負けたとたん、こんどは、英語を知らなければ人間として一人前ではないということになった。そこで教室でも英語が教えられるようになったし、人々は水にかつえた馬のように、こんどは英語をがぶ飲みするように、何が何でも英語で言ってみたくなった。

私がそのことで知ったことは、何かを教えたいときには、しばらくその学習を禁じておけば、なかなかいい効果があるということだった。いまのように英語は強いられてうんざりする学科ではなく、新鮮な驚きを与えるものだった。

やってはいけないと言われていた英語というものにふれて、中学生の私が得た最初の印象は、英語とは、何という変わったことばだろうかということだった。まず、

私は二つの手と二つの足を持っている。

というような例文をたくさん学ばされた。そのとき、この「持っている」というのはどこかおかしいと感じた。私の日本語の感覚では、もともと自分のからだについていて、決してとりはずしのできないものを、わざわざ持つとはいわない。たとえば私は

鼻を一つ持っているからと言って、それをはずしてだれかにあげることはできないではないか。持つ前に、すでに私のからだにあるのだから。しかし私自身のからだから離れて、自分の外にあるのは「持っている」と言っていい。たとえば

　私は大きなカバンを持っている。

しかし、自分の外にあっても、たとえば

　私は二人の弟と一人の妹を持っています。

というのもやはり、そうとうにおかしい。それだけじゃない、人間について「持つ」というのはちょっと失礼じゃないか。モノならそれでいい。犬やネコでもあるまいし。いや、犬やネコについても持っていると言っては不自然だしかわいそうだという気がする。

　そのうちに民主主義教育というものがはじまり、とにかく何事につけ学級会議、ホーム・ルームというものを開いて、皆で議論してから決めるということになった。学

校だけじゃない、おとなたちも

今日午後から会合を持ちます。

というようなことを言いはじめた。

この「持つ」もやはりおかしい。たぶん誰かが英語式にhaveを、もしかしたらholdなどを日本語に訳して使いはじめたのだろう。しかし何でもかでも、それまで日本でやっていたことはたいていまちがいで、英語のようにしゃべるのが民主主義なんだから、どんなにヘンだと思っても、そういうふうに話すのが民主主義の礼儀を身につけることなんだと思うことにした。

そして、英語のほんとうのむつかしさは、文法や一つ一つの単語をおぼえることよりも、こういうものの考え方にあるのだと気がつきはじめていた。

モンゴル語が開いてくれた世界

私に全く新しい言語の世界があることを教えてくれたのは、東京外国語大学に入ってはじめてふれたモンゴル語だった。このことは私に、ことばというものについて、

大きく眼をひらかせるきっかけになった。というのはモンゴル語も日本語と同じように「持つ」なんて言い方はしないで

Nadad《ナダド》 saikhan《サイハン》 nom《ノム》 bii《ビー》 (あるいは baigaa《バイガー》).

私にはいい本がある。

というような抵抗感のない言い方をする。have と言わなくてもいいのである。モンゴル語は当時で言うモンゴル人民共和国のほか、中国でもロシアでも話されている、ひろがりの大きな言語だということは知ったけれども大言語ではない。しかしモンゴル語が日本語とよく似た文法構造であることを知るにつけ、私はにわかに大いそがしになった。どうしてもモンゴル語と親縁な、いろいろなことばを知らなければならない。そこで次にトルコ語をやってみたのである。

トルコ語もフィンランド語も

私に新しい世界を開いてくれたモンゴル語には大いに感謝するけれども、それだけではつまらない。いっそひろく、ウラル=アルタイ語世界（本書238ページ参照）

を渡り歩いてみたいという気になってもやむをえないことである。ウラル＝アルタイ言語学の対象になっているこれらの言語のうち、フィンランド語、ハンガリー語は、それぞれ自らの言語によって書かれたすぐれた研究論文を持っているし、ポーランドにもアルタイ語研究の伝統があるので、その言語もひととおりやってみたいと思った。そこで次にやってみたのはトルコ語だった。

　トルコ語の簡単な会話本を開いてみると

Seyahat《セヤーハト》 çekim《チェキム》 var.《ヴァル》

　私のトラベラーズ・チェックがあります。

という例文があって、これに応ずる英語は I have travelers checks. となっている。やっぱりトルコ語も、打ち消しがたく、日本語のなかまなのだ。

　念願のフィンランド語は、私が留学していたボンの町がやっている、「人民大学」(Volkshochschule)《フォルクスホッホシューレ》といういかめしい名の市民夜学で少し学んでおき、その続きをヘルシンキ大学でやったのである。

忘れられないのは、必ず教室の最前列にすわって、キムイルソンバッチを胸につけて授業を受けていた二人の北朝鮮からの学生であった。

さて、問題のフィンランド語である。

最初に出てくる例文は次のようなものだった。

Sinulla《シヌラ》 on《オン》 kiva《キヴァ》 kissa《キッサ》.

君のところにはすてきなネコがいる。

Liisalla《リーサラ》 on《オン》 poikaystävä《ポイカユスタヴァ》.

リーサにはボーイフレンドがいる。

これらの文の、「いる」（あるいは「ある」）と直訳したところは英語でならhaveというところである。つまり、英語だったら「リーサはボーイフレンドを持っている」というふうになるはずだ。

ラムステッドにみちびかれて

フィンランド語になぜ強い執念をもったかというと、この国のラムステッドという人がたいへんすぐれたモンゴル語の研究者であり、またアルタイ語学の建設者の一人でもあったからだ。

ラムステッドはそのうえ、フィンランドと日本との間に国交が樹立された一九一九年、初代の公使として日本にやってきた。かれはエスペランチストだったから、エスペラントの宣伝の講演もしてまわった。宮沢賢治もかれの講演を聞いた一人であった。

ラムステッドはまた、日本語は「世界でもやさしい部類に入る」言語だから、漢字をやめて、かなやローマ字で書けば、学びやすいいい言語になれると、大正天皇のきさき、貞明《ていめい》皇后さまに話したとの記録が残っている。

感心しないでいられないのは、ラムステッドが、こういうことを単にりくつの上で述べただけでなく、実行したことである。

昭和七（一九三二）年、ラムステッドは「ローマ字ひろめ会」の機関誌 RÔMAJI に日本語の論文「アルタイ語族としての満洲語」を発表した。ローマ字で、日本語がこんなに明せきにかくことができるという、いい手本である。ちなみに、この「ローマ字ひろめ会」の役員の一人に嘉納治五郎の名があり、当時のローマ字運動のひろがりを示すものである。嘉納治五郎という人については、私は何の感慨ももっていなかったのだが、ロシアの大統領だったプーチンが、わざわざその像をつくらせて、クレムリンの秘密の一室にまつって拝んでいると聞いてから、そんなにえらい人なのかと思うようになった。これは柔道の山下泰裕さんからじかに聞いた話だ。

だいじなことは、ラムステッドは日本語学者ではなかったけれども、ローマ字でありさえすれば、こんなによくわかる日本語を書くことができたということだ。

この点で忘れることができないのは、ウィーン大学に日本学を築いたスラヴィク先生のことである。一九六八年だったか、横浜からナホトカに向うバイカル号に乗りあわせて、先生が戦争をはさんでどんなに苦労して日本語を学んだかをめんめんと話された。また一九二〇年代はじめ、斎藤茂吉がウィーンに滞在していた頃、茂吉から、歌をよむことを学んだ次第を話された。

そして帰国されてしばらくたってからいただいたお手紙はタイプライターで打ったローマ字日本語だった。養老院に入って、私の話なぞわかってくれないおばあさんたちの間でくらしながら、それでも、日本語とアウストロ・ネシア語との関係を研究しているんだと書いてあった。

私がなぜこの話を持ち出すかといえば、ローマ字日本語は、学術的やりとりのためにも十分活用させられるということを述べたいからである。

朝鮮語もやったラムステッド

朝鮮語人が忘れてはならないことは、ラムステッドが日本の公使であるたちばを利用して朝鮮に行き、さっさと朝鮮語を身につけてしまったことである。そして、英語で朝鮮語の文法を書いて、一九三九年にヘルシンキで刊行した。

さらに一九四九年には朝鮮語の語源辞典を書いて、やはりヘルシンキのフィン・ウグリア協会から刊行している。

朝鮮語についてこのように輝かしい研究を残した人を、『朝鮮を知る事典』（平凡社二〇〇九　新訂増補版第五刷）がどう記述しているだろうかと期待してしらべてみたところ、そのなまえすら出ていない。日本の朝鮮学者はいったい何を考えているのだろうとふしぎに思った。しっかりしてほしい。こういう学問のありかたを「片寄った学問」と言うべきであろう。かれらは朝鮮研究は漢字とハングルと英語だけでやれると思っているのだろう。日本の朝鮮研究は、自らの視野を不当にせばめている。

こういう、別のことばでいえば、教養を欠いた外国研究を私は十年ほど前にベルリンであった日本についての国際会議でも経験した。そこにはドイツの若手の日本学者が集まっていたはずだから私は日本語と漢字の話にふれると共にラムステッドの話をしたところ、そこにいたドイツ人学者のだれも知らなかったのである。フィンランドはドイツのすぐ隣りの国なのに。尊敬すべきドイツの学術研究も、最近はずい分と水準が落ちたものだとがっかりしたのである。

ラムステッドについては、もっと話したいところであるが、私の『エスペラント——異端の言語』(岩波新書)にややくわしく書いておいたのでそれにゆずる。

私が一九八〇年の春からフィンランドに滞在したのは、ラムステッドが集めた資料を調べてそのすべてをコピーするためであり、他の時間は、フィンランド語の学習にあてるつもりだった。

ハンガリー語も!

フィンランド語をやったらハンガリー語も知ってみたい。そしてその便宜は身近かに充分にあったのである。

一橋大学大学院での私のゼミナールには、後に大阪外国語大学(今は大阪大学)でハンガリー語学を担当するようになる、早稲田みかさん、岡本真理さんというその道の大家が入ってきた。それなのに私はいそがしいさかりで、ハンガリー語を学ぶチャンスを作らなかった。その後、彼女らはそれぞれ大学で先生になってから、次々にハンガリー語についての本をたくさん書いて、私に送ってくれるようになった。

しばらく前に、岡本真理さんが送ってくれた『語学王　ハンガリー語』（三修社二〇〇二）という速習本を開いたとたんに、「『持っています』の言い方」という節があった。まるで私に読ませるために書いたみたいじゃないか。で、そこにはこんな例文があげてあった。

(Nekem《ネケム》) van《ヴァン》 egy《エジ》 kutyám《クチャーム》.
私には犬が一匹います。

このアンダーラインを引いたvanが「ある」という意味だから、ほれ見ろ、ハンガリー語だってやっぱり「持つ」なんて言わないのだ。

日本語、モンゴル語、トルコ語、フィンランド語、さらにハンガリー語を通じてのこのいちじるしい一致は、犬だのネコだのボーイフレンドなどの単語がばらばらに、一つ一つ一致するのとわけがちがって、ただごとじゃない。起源が同じかどうかは別として、心の深層や、ものの考え方、感じ方に、何か深い共通点があるという印象を抱いてもやむをえないことである。

朝鮮語はもちろん！

で、さらにここでは、日本語よりももっとアルタイ性の濃厚な朝鮮語では、この「持つ」がどう表現されているかを見よう。日本には朝鮮語の話し手が何十万もいるから、その人たちから聞いて直接たしかめればいいのだが、そんなことを考えているときに、ちょうどぐあいよく、次のような例文を見つけた。

특별한《トゥクピョルハン》 취미라도《チュイミラド》 있으십니까《イッスシムニカ》?

そして、これに対する日本語訳は

特別な趣味でもお持ちですか。

となっている（早川嘉春『エクスプレス　朝鮮語』白水社　一九八六　五二）。

朝鮮語の「イッスシムニカ」は、動詞 있다（ある）から作られた敬語形だから、直訳すれば、「お持ちですか」ではなく「おありですか」となるところである。これに

よって朝鮮語もまた have タイプでなくて、「ある」タイプのハンガリー語、フィンランド語とも共通の、つまりウラル＝アルタイ・タイプの言語だということがわかる。

さておもしろいのは著者が、この例文にある日本語を「おありですか」とはせずに「お持ちですか」とした点である。注目すべきは、日本語では今では「持つ」も「ある」も、いずれも可能になっていて、著者はたぶんより若向きな表現の方を選んで、あえて「持つ」という日本語をあてていると思われるのだが、いずれにしても、朝鮮語にはおそらく、「持つ」のような用法はまだ入っていないのであろう。「持つ」という言い方ではなくて、「だれだれに〜がある」という言い方をする仲間がこんなにいるんだと思えば、心づよくもあり、心あたたまる思いがするではないか。少なくとも、西洋語ふうに「持つ」と言わないからといって、かたみのせまい思いをする必要はないじゃないか。それどころか、今後は、ちょっと人工的な感じのする「持つ」をやめて、ウラル＝アルタイ式に居なおってみてはどうか。

ウラル＝アルタイ語世界

もともと研究者のあいだでは、モンゴル語やトルコ語は、かなりちかい関係にあるから、これらをまとめてアルタイ諸語グループ（諸族）にまとめ、フィンランド語とハンガリー語は、それよりずっと前から、もっと近い関係にあると見なされていたので、これらをまとめてウラル諸語とし、さらにこの両者を大きくまとめてウラル＝アルタイ諸語と考える仮説が持ち出された。

この仮説を考えた人たちはおもにフィンランドとハンガリーの学者たちで、ソビエト時代に入ると、ソ連のアルタイ学者たちの多くが、積極的に支持にまわった。なぜそうなったかといえば、ソ連邦を構成する諸国に、ウラル＝アルタイ諸語を母語とする民族が多数いたからだ。いな、面積からいえばソ連邦全土の三分の二がウラル＝アルタイ語族の世界なのだ。ソ連邦の形成は、言語学のこの分野の研究をさかんにするのに大いに貢献したのだった。

ところが日本では、とりわけ言語学者たちが慎重な態度を示した。それがなぜかは、私には考えがあるが、その話を述べるには別の場所が必要になる。問題は純粋にアカデミックな理由と、もう一つはイデオロギー的な面である。それで、ここではより簡単に扱える前者について、一つだけ理由を述べておきたい。

印欧語比較言語学と音韻法則

J.Streetの示したアルタイ諸語と日本語との関係

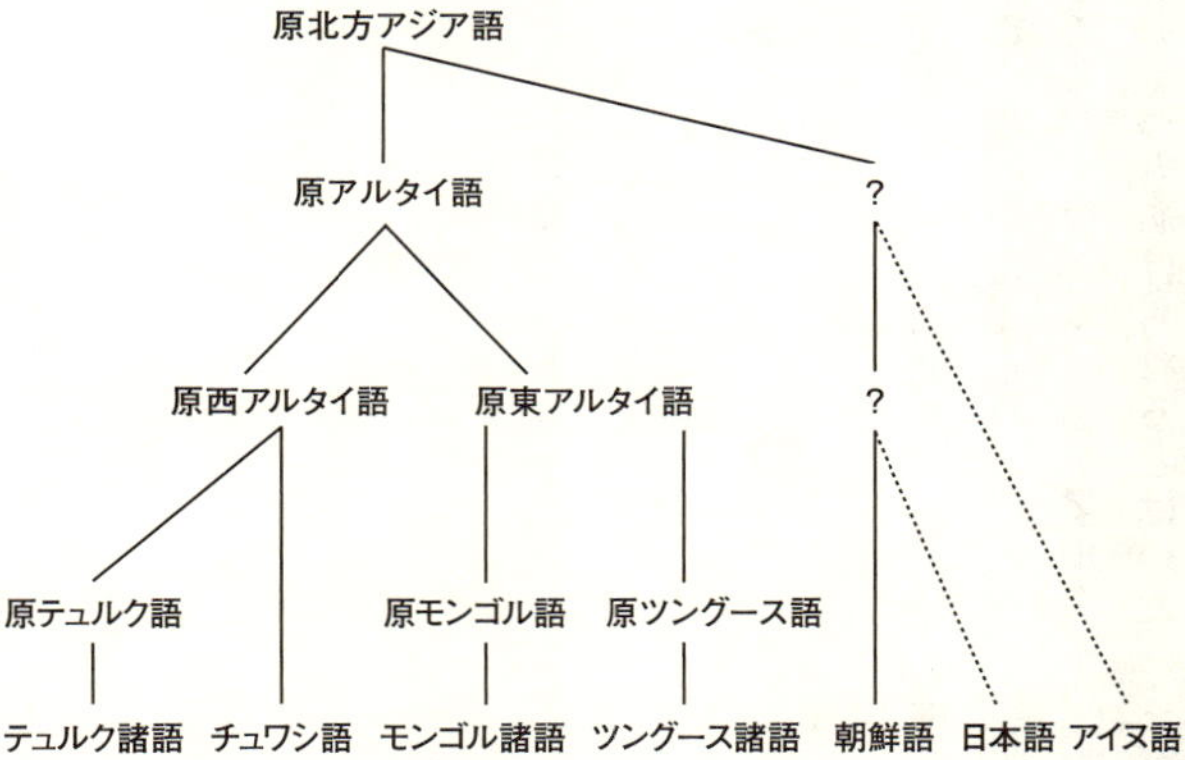

N. Poppe, Introduction to Altaic Linguistics 1965より

一九世紀の中頃、いくつかの言語の共通起源、同系関係を証明するための方法をさぐる中で印欧語比較言語学というものが築かれた。舞台はおもにライプツィヒとか、ベルリンとかの、とにかくドイツの大学だった。それは、A言語とB言語が多くの基本単語を共通にもっていて、それらが一つの起源から一定の規則にしたがって変化して、それぞれA言語とB言語に分かれた過程が証明できれば、A言語とB言語が共通起源であると言えるとするものである。これを、英語とドイツ語を例にとって説明しよう。

ここでは、ドイツ語の単語の、はじめのカ、キのオト（k）が、歴史のあ

	英語	ドイツ語
子供	children チルドレン	Kinder キンダー
さくらんぼ	cherry チェリー	Kirsche キルシェ
教会	church チャーチ	Kirche キルヒェ
噛む	chew チュー	kauen カウ(エン)
ひよこ	chicken チキン	Küken キューケン
あご	chin チン	Kinn キン
名前	Charles チャールズ	Karl カール

る時点で、英語ではすべてチ（ch）に変化して現れる。そのような単語の例を集めた上の表の中に、ドイツ語の男の名Karl《カール》が英語になるとCharles《チャールズ》になるたとえも加えておこう。

うんと話を単純にすれば、もとは一つのものが、一方ではカ、キ、他方では規則的にチになっていて、両者は一つの根から出ているとする考えかただ。これはつまり、ドイツ語と英語がともに共通の起源をもつ、同系の言語であると主張できる根拠の一つになる。

このようにA言語の一連のオトと、B言語の一連のオトとが規則的に対応する現象を印欧語比較言語学は「音韻法則」と名づけ、この規則がたてられることを、言語の同系関係を証明する際の条件とした。

ところが、ウラル諸語やアルタイ諸語には、たがいに同じような発音、文法上の特徴がいくつもあげられるとはいえ、このような方法で、共通の祖型から分かれ出たということをめざましく、劇的に証明してくれるような材料はたいへん少ない。

音韻法則をこえて

それにもかかわらず、ウラル語やアルタイ語は、一つ一つの単語を問題にしなければ、それをこえて、文章の構成法や表現法にあまりにもよく似かよっている点があることに驚くことがある。それを、さきほど「〜に〜がある」という例にみたところである。この似かよった表現法があるおかげで、たとえばモンゴル人は驚くべきすばやさで、日本語が話せるようになる。そのすばやさは、ロシア語、英語、中国語などとの比較を絶している。日本人がモンゴル語をやる場合にも同様のことが言える。

そのような言語には、たがいに共通する単語がなくても、そういう実質をこえて、ことばによる表現方法について何か大がかりにまとめられる型、あるいは枠組みのような類似があり、それらはこうした特徴を共有しあう言語どうしの共通起源とまでは言えなくとも、近い関係を説明するのではなかろうかと、経験深いアルタイ学者やウラル学者は思ってしまうのである。

私が大学院にいた頃、今からもう半世紀も前になるが、そうした思いにこたえるような本が出た。それは次のような題名をもっていた。

D.R., Fokos-Fuchs, Rolle der Syntax in der Frage nach Sprachverwandtschaft, Wiesbaden 1962.

この題はだいたい「言語の親縁関係を証明する際に、シンタクス（構文）［の類似］はどれだけ役に立つか」というように訳せる。私はこの小さな一冊を奨学金一ヵ月分をはたいて買ったのである。

著者のフォーコシ＝フックスさんという人には学会などでも会ったことはなく、どういう人か知らないけれども、この人もウラル＝アルタイ語における have にあたる表現に注目してとりあげていたのである。

カタテオチのカタはウラル＝アルタイ共有財

この人がさらに注目してとりあげていたのは日本語で言うと、「カタ（片）」という表現についてである。日本語では二つで一組になっているもの、おもに手、足、目など身体についている部分だが、その一方だけを指すときに用いる接頭辞である。

カタテ、カタアシ、カタメのような表現は英語やヨーロッパの諸言語にはない。それらの言語では一つの手、一つの足、一つの目としか言えないのである。私はかつてモンゴル語の小説を読んでいて、戦場で傷ついた兵士のことを描くときに、「カタ」手のカターにあたる表現があることを発見して日本語とモンゴル語の驚くほどの近さを感じた。

ちょうどその頃、私の言語学の先生でハンガリー語が専門の徳永康元先生から「fél szem（片目）考」という論文をいただき、ハンガリー語にも「カター」という言い方があることを知ってびっくりした（國學院大學国語研究会編『国語研究』一九五九年九号）。

日本ではこの「カター」を用いた表現は、差別語糾弾運動にとってはなかなか便利な標的になった。「カタテオチ」は何度も槍玉にあがったからすでに有名になったが、そのほかカタイナカ、カタスミとか、私なんぞについて使われるかもしれないカタよった思想の持ち主とかというふうに日本語ではごくふつうに愛用される表現である。

このカターについては、私は『差別語からはいる言語学入門』で、大いに楽しみながら論じたのである。自分ではいい本を書いたと思っていたのに、どうも題名がカタよっているせいでか、あるいは、出版社がちょっと高い値段をつけてしまったせいか、せっかくのこの本はほとんど売れなくて、出版社には申しわけないことをしてしまった。

しかしその後七年もたってから、神田外国語大学で教えておられる藤田知子さんから、私のこの本を読んでお書きになったという論文（二〇〇八年）を送っていただき、あの本はむだではなかったと、少し気をとりなおしたのである。このように、自分のささやかな研究が知らない他の研究者の目にとまって、それが検証されたり、補足されたりして、さらに発展させられるのは、研究者として、たいへんうれしいことなのであるが、最近はそういうことがうんと少なくなった。

今の若い研究者たちは、たがいに議論をたたかわせながら研究を積みあげるというふうでなく、それぞれが、英語の論文を読んで、何か思いついたことを勝手に書くという傾向が強くなっていると思う。つまり、日本の研究者たちが仲間で論争しながら学問を発展させていくのではなく、それぞれが外国語の論文に依存して、いわば個人輸入するのが学問だと思っているらしいのである。

ところで、このような「カタ－」に注目した、私のカタよった研究をするにあたって、大いに理論上の励ましを与えてくれたのはエルンスト・ライズィのDer Wortinhalt（「語の内容」一九五三）である。鈴木孝夫さんはこの本をたいへんわかりやすい日本語に翻訳して『意味と構造』の題名で一九六〇年に研究社から刊行された。

戦後しばらくの間、音韻論についてはずいぶんこまかく議論され研究されたが、意味論の分野でこれほどスマートな手法が示されたことはなかった。これは、言語学をやる人なら一度は読んでみてほしい、歴史に残る名著である。この本は、いまは講談社学術文庫に入っていて、簡単に読める。

この本の中で、私にはとりわけ、「ハゲ」や「アナ」（これをカナ書きにしたわけは、「ハゲ」はともかくも、日本語でも漢字で穴、孔と書き分けたり、英語でもhole, pitとか、いろんなアナがあるから――これについてはライズィがおもしろく論じている――、それを一般的に示すためである）を扱った部分がおもしろかった。毛のない所をハゲと言うとするならば、「顔がハゲている」となぜ言わないのかと、ライズィはするどく問題を提起する。それは「毛がある」ことが当然として期待されているところに「欠如している」からこそ「ハゲ」というのであって、「欠如している」ことを積極的に特徴づける表現として、ライズィは「欠如詞」というカテゴリーをもうけたのである。この概念は大へんに役に立つ。「カタ－」はまさに、このような機能をもっていて、この欠如の概念を積極的に示すところがサベツ語を生産する上で大いに役立つことが明らかになるのである。

日本語におけるサベツ語なる現象を冷静に、なるべく客観的にとらえる作業にさいして、私はライズィにひとかたならぬお世話になった。ライズィさんは、日本人によってそんなふうに利用されるなんて思ってもみなかったかもしれないけれども。そうしてできあがったのが、『差別語からはいる言語学入門』だったのだが、まじめに読んでくれる人があまりなかったらしいのは残念だった。それは、一つには題名のせいだと思う。この題名の失敗は、サベツ語糾弾運動を一生懸命やっている人は、言語学なんかには全く関心がないし、——私は、こういう運動家ほど言語学をやってほしいと願ってあんな本を書いたのに——、言語学をやりたい人はサベツ語なんかに関心を持たないから、この題名だけで私の名著はサベツされることになってしまったのである。

中国語は have 型言語！

ここでだいじなことを言っておかなければならない。日本語と中国語は、同じ漢字で書かれるから、日本人と中国人はことばを同じくする人種、つまり「同文同種」などと言われるけれども、見かけの文字をはずして、ことばそのもの＝コーパスだけからみると、日本語は漢語とは相当にちがった言語だということがわかる。アルタイ諸語はアジアからユーラシアにまたがる巨大な地域をおおっていて、これらの言語からみると、中国語は、構文、文章法から言って、はるかに英語などのヨーロッパ語に近く、たとえば

你有好朋友。
あんたはいい友だちを持っている。

という言い方をするのである。この点では、ヨーロッパ語であるロシア語の方が、日本語やウラル＝アルタイ語によほど近いのである。例えば、

У《ウ》 меня《メニャー》 хорошие《ハローシエ》 друзья《ドルズイヤー》.
私には　いい　友だちがいる。

となって、この点だけをとるとロシア語はウラル＝アルタイ型なのである。どうしてそうなっているのか、ロシア語はインド＝ヨーロッパ語のかなり古めかしい特徴をそなえた、古風な言語だが、ウラル＝アルタイ語を学んだ目からロシア語を見ると、さ

らにまたロシア語に隣接している、とげとげしい感じの文法をもっているドイツ語と対照してみると、ロシア語はアジア人の目には、ヨーロッパ的とげとげしさを失った、かなりまるみを帯びたやわらかな言語にみえるのである。

それはロシア語はたぶん、西も南も東もウラル＝アルタイ系諸言語にとりまかれ、ときにはそれらに深く食い込まれたために非インド＝ヨーロッパ式の表現に影響され、それに近づいたのであろう。

ロシア人をとらえてはなさないユーラシア主義

ロシア語をやってみて驚くことは、その近代的文化語彙、つまり近代が必要とした文物をあらわす語彙のかなり多くのものが、モンゴル語やトルコ語から入っていることである。専門的には、トルコ語とは言わず、テュルク語と言うべきであろう。それは近代トルコ語形成以前の、さまざまな方言や、同系のタタール語、カザフ語、ウズベク語などをひとまとめに表わせる便利なことばである。

たとえばロシア語で「お金」、「本、書籍」のようなもはや近代とも言えないほど古い文明の産物である単語が、前者は деньги《デーニギ》 後者は книга《クニーガ》 という。いずれもヨーロッパの他の言語によっては起源を説明することができず、権威ある語源辞典でも、前者はテュルク、あるいはモンゴル語の「テンゲ」のような形が入ってきたものとしている。後者クニーガは古代テュルク語、あるいはシナ語の「巻《カン》」から入ったとしている。

また、ロシア語をやりはじめた人が、一度聞いたらもう忘れられない、あの印象的なひびきをもった単語カランダーシ（карандаш 鉛筆）もトルコ語起源である。カラ（ン）が「黒い」で、ダシは「石」であるとふつうに解釈されている。これには多少批判があるが、それは私の小篇「カランダーシ：借用の構造」にゆずってさきにすむ。

たいへん興味ぶかいのは балык《バリク》（ひものの魚）と изюм《イズユム》（ほしぶどう）である。ロシア語にはもともと、なまの魚にはルイバ（рыба）、なまのぶどうにはヴィノグラード（виноград）という単語がちゃんとあるのだが、それに「乾燥」という加工を加えて製品にしたとたんにテュルク語で呼ばれる。それは、テュルクの方が高い文化をもつものとして評価をうけていたことがよくわかる。

一般に単語の借用は、文化の高い言語から低い言語へと行われる。近代になると、それがいかに猛烈なスピードで行われるかは日本語で見ればすぐにわかる。しかし、ロシア語は近代以前からモンゴル、テュルクの借用語に満ち満ちているのである。

以上のことは、手もとにある、ロシアで出たいくつかの語源辞典でたしかめながら書いたのであるが、そんな手間をかけないで、すぐに教えてくれるいい字引きが日本にある。それは、三省堂の『コンサイス露和辞典』である。この辞典は、もと、ロシア語学の鬼のような人、井桁貞義という人が、たった一人で作ったという辞典で、とりわけ語源の説明が充実している点に特徴があるので、機会あるごとに宣伝することにしているのである。

東方性こそがロシアの特徴

このように、言語にこれほどの深い非ヨーロッパ的な刻印を受けているロシアは、文化や政治の面においても、西欧とはいちじるしく区別された特徴をもっている。それはロシアが持っているアジア的後進性、あるいは野蛮性として、それからの脱皮を願うロシア知識人にのしかかる、ロシアのネガティブな運命であると意識されてきた。

一日も早く、このアジア性をふりすてて西ヨーロッパに同化しようという西欧主義派と、ロシアに固有の価値を見出そう、むしろアジアのにおいのするそこに、西欧とは区別されるロシア文化に固有の価値を見出そうとするスラヴ主義派との思想的対立は、近代ロシアの思想界をつらぬく赤い糸であった。

ロシアの後進性をなげく人たちにとって、その後進性を説明する、歴史的シンボルとなったのが、「タタールのくびき」とレッテルをはられる歴史時代である。

タタールとは、日本語ではダッタンと記される部族名であり、それは「韃靼」と記した漢字を日本式に読んだものであり、最近は「ダッタンそば」というものがある。このばあいの「ダッタン」には、中華の文明の地ではなく、他の文明化されない粗野な野生地帯に育った、より原始的で、自然な土地でうまれた品種のそば、という風に私は受けるのだが、どうであろうか。

留学時代に知った、ドイツのタタールという食べ物があった。なまの牛肉のひき肉に、なま卵とタマネギのみじん切りを加えてねったもので、それをパンにはさんで食べるのである。それに合わせた飲みものは、冷やした白ワインをシャンパンで割った「つめたいあひる《カルテ・エンテ》」というものであった。復活祭の夜には、大学のゼミナールのうす暗い部屋で、つめたいあひるでタタールを食べながらダンスをしたものだ。とにかく、これをみても、「なま肉—タタール」という結びつきは、ヨーロッパ人の考えでは、やはり粗野を示しているように思われる。

さてタタールのくびきとは、一二三六年、チンギス・ハーンの孫のバトがロシアに遠征してたてたキプチャク・ハン国の支配から約二五〇年間続いたモンゴル人の支配を指す。この支配体制には、モンゴル人だけでなくテュルク諸族も参加していた。このため、タタールは起源的にはモンゴル諸族の中の一小部族の名であっただけなのに、モンゴル、テュルク諸族をひとまとめに呼ぶ名として用いられた。とくにロシア語ではひろく非ヨーロッパのアジア諸族を指すために用いられ、時には日本（人）もその中に含むような用法が発生した。ここからカラフト（サハリン）島とシベリア大陸の間にある間宮海峡をタタール（韃靼）海峡と呼ぶロシア語の地名が生まれたのである。このことを考えると、日本人もまたタタール族の一部をなすものと理解されていたのであろう。

この未開な野蛮人に支配されたあいだに、ロシアは西欧文化の発展からとり残され、あるいは西欧的であった諸要素を失って、後進国にとどまったとする見方をとる多くの人々がいる。

それに対して、ロシアはこのような歴史的経験を持ったおかげで、西欧とは区別される、独自の文化空間を生み出すに至ったと説明するたちばが他の一方に生まれるのである。この一派は「タタールのくびき」ではなくて、むしろ、それによって西欧的なせまさから脱出して、豊かな文化空間がそこから生まれたと、積極的にその意義を評価するたちばである。

あとでもう少しくわしくとりあげる、言語学者ニコライ・トルベツコーイは、

本来ロシア的なものすべてに対する激しい抑圧、民族的ロシア文化が野蛮だとする公式認定、そしてヨーロッパ思想の精神的強制がその時々に、このすべてと連動したことを思いあわせるならば、ロシア史のこの時期こそ、ヨーロッパのくびき、あるいはロマン・ゲルマン的くびきだと言っても、いささかも誇張ではないだろう。

（『チンギス・ハーンの遺産』一六一）

と述べ、くびきはタタールによってではなく、西欧文化の支配こそが、本来のロシアにくびきをもたらしたとする論を展開している。

ユーラシア・トゥラン語圏

この、「ロマン・ゲルマン的くびき」に抗して、ロシア独自の文化的基層をなし、その骨格を作ったものは、トルベツコーイによれば「トゥラン諸言語」を話す諸民族

によって担われた。このトゥラン諸言語とは、トルベツコーイによれば「ウラル＝アルタイ語族」の別の呼び名である。そして、このトゥラン諸族の文化がロシア文化の基底にあることを、トルベツコーイはこう述べている。

スラヴ人は、最初は、この領土［ロシア］の西部の小さな一角、すなわちバルト海と黒海とを結ぶ河川の流域だけに定住した。今日のロシアの、それ以外の領土の大部分は、主として、トゥランもしくは、ウラル＝アルタイ諸族の名のもとに総称される諸族が住みついた。上に述べた全地域の歴史において、これらトゥラン諸族ははじめのうちは東スラヴのロシア人よりも、はるかに大きな役割を演じたのであった。（同一三六）

こうした歴史観、文化観の上にロシアのユーラシア主義は形成された。それはオスワルド・シュペングラーの著書の名『西欧の没落』（一九一八―二二）という象徴的な表現が、その時代のふんい気を表わしているように、価値観の基軸を西ヨーロッパから、より東方に向かって移動させよう、そして、そこに二〇世紀ロシアの発展の方向と、新しいアイデンティティを見出そうという動きの底流を作りだした。

ボリシェヴィキに追われたユーラシア主義者たち

ロシア革命とボリシェヴィズムは、一面においてそうした動きを作り出し、そこに希望を見出した人々の共感によっても支えられていた。しかし、そのような人たちは、一九二〇年をさかいに革命に対して急速に幻滅におちいって行かざるを得なかった。そうした歴史の過程に身を置き、そして歴史から去って行った詩人の一人、アレクサンドル・ブロークについては、私の『ノモンハン戦争』の中で述べておいた（岩波新書　二〇〇九　一七一以下）。

ユーラシア主義者たちはブロークのように革命の昂揚と、それに続く絶望の炎の中で身を焼いて滅ぶようなことはせず、プラハやベオグラードなど、ヨーロッパの各地に亡命した。トルベツコーイは、まずウィーン大学に、次いでプラハに移り、そこでプラハ言語学集団を作って、近代言語学の一つの核を形成した。トルベツコーイが亡くなった翌年の一九三九年、プラハでドイツ語で刊行された『音韻論の原理』を、私は今は亡き徳永康元先生を中心に、東京外語の学生として、一九五四年から五七年まで、まるでバイブルのようにして読んだのである。当時は私はドイツ語は読めなかったので、一九四九年に出たばかりの、J・カンティノーによるフランス語訳によってこのゼミナールに参加した。

その後トルベツコーイに出会ったのは、一九九九年モスクワにおけるブックフェアーであった。会場でかれの論文集――さきに示した引用は、すべてこれによる――『チンギス・ハーンの遺産』と出会うまでは、言語学者とユーラシア主義者という二人のトルベツコーイは私の中で全く結びつかなかったのである。

ニコライ・トルベツコーイは、ロシアの言語と文化の形成が、かれの言うトゥラン諸族の強い影響のもとに行われたという確信を抱いている。かれの晩年のテーマは言語におけるユーラシア性であった。このユーラシア性の西端はスカンディナヴィアのフィン族やサーミ族からはじまって東端は日本で終る。この連続したユーラシア帯に漢字が貫入し、そこを支配したために、ユーラシア性は日本人の歴史的記憶から消え去ろうとしている――というのが、私がトルベツコーイから受けつぎ、発展させたい文明論的見とおしである。その歴史的記憶を最終的に消し去ろうとしているのが、「漢字文化圏」という、ほとんど無内容な宣伝文句である。その宣伝文句をそのまま受け入れているのは日本人だけである。しかし日本以外のユーラシア諸民族は、日本人はユーラシア諸族の同胞であるという意識を失っていない。

トゥラン主義の日本への伝播

第二次大戦をはじめるにあたって、日本はいろいろと自分のたちばを正当づけようと試みた。その中に英米などの白人植民地主義からアジアの被抑圧民族を解放するのだとにおわせるようなスローガンがいくつもつくられた。戦争に「大東亜戦争」の名を与えたのもその一つの表われだが、その一方で、戦争によって作り出される「大東亜共栄圏」の、日本はその「盟主」になるのだと、子供のころ聞かされたことばは今もなお耳の底にのこっている。そのとき、アジアの解放はいいけれども、日本が盟主になるというのはどうも説明になっていないという気がしたものだ。

しかしこうした説明は、軍事的説明であって、文化的説明にはなっていない。文化的説明というものがあったとすれば、「日鮮同祖論」と、「ツラン文化圏」だったように思う。言うまでもなく、「ツラン」は「トゥラン」(Turan) を日本語に移植したかたちである。

「日鮮同祖論」は評判が悪くて、検討の上ほうむられたというよりも、問題の「鮮」の側から、いわば気分が悪いテーマとしてタブーにされてしまった感じがある。けれども言語学からみると、この論は「ウラル＝アルタイ学説」の刺激を受けるか、その影響を受けて提出されたものだ。そして私自身は、日鮮同祖論にはある程度理由があると思っているが、とにかく、これはよく話題になり、知られたテーマであるので、ここでは、いずれ大いに学問的に議論される価値があると述べるにとどめて素どおりしておく。問題は「ツラン文化圏」の方である。

アジアでこのような文明論を抱いていた現代の政治家としては金大中《キムデジュン》の名をあげなければならないだろう。かれの演説の中には、日本と朝鮮との間の文明論的な親縁性をほのめかす考えがしばしば顔を出していたが、私が印象ぶかくおぼえているのは、日本に招かれて、国会で行った演説である。

そのテキストをたしかめてはいないけれども、日本と韓国の近さを述べるのに、「両民族はいずれもウラル＝アルタイ語を話し……」というような一節を印象ぶかく聞いたのである。アジアの政治家としては、これ以上の人はいないと思わせる、氏のふかい教養を示す一節である。

この「ツラン文化圏」の方は日本の発明ではなくて、ウラル＝アルタイ語のウラル諸語を話す諸民族の側から持ち込まれたものである。それは先ず第一にハンガリー、次にフィンランドであった。そしてそれの日本支部、出先機関とも言うべき活動を担ったのが、ハンガリー語を研究し、その普及者であった今岡十一郎《いまおかじゅういちろう》氏であったことは、今の日本であらためて想起されねばならない史実である。

私が今岡十一郎氏の活動を知ったのは、戦後、高校生であった一九五一、二年頃であった。戦後、神田の古書店街の店頭には、戦争中に出版された、東洋学関係の価値ある研究書が、無造作に、山のように積みあげられていた。その中の一冊に、ずっと記憶に残りつづけた『ツラン民族圏』というのがあった。今岡十一郎氏の著作で三八〇ページをこえるこの大著の刊行の日付は、太平洋戦争開始の翌年一九四二年一月である。

このなつかしい本を、私はいつか手に入れようとずっとさがし歩いていたところ、岩波書店の斎藤公孝さんが見つけてとどけてくれた。あれから八年がたった。

この本は、まずツラン諸民族なるものを個別に概観した後、「ツラン同胞の多くは今もなほ主としてスラヴ族の羈絆の下に呻吟してゐる。僅かに独立国の名を担ふものは、西においてフィンランド、ハンガリー、トルコあり、東においては友邦満洲国とわが日本あるのみ」（三八一）、と強調されている。

満洲国をツラン族の国家と見る根拠は、それを構成する、満洲＝ツングース系諸族、朝鮮人、モンゴル人を念頭に置いているからであろう。今日、満洲国は消滅したが、それにかわって、朝鮮人とモンゴル人は独立国家を持つに至った。さらにソ連邦の解体によって、そこからは、新たに、カザフスタン、ウズベキスタン、キルギスタン、トルクメニスタン、アゼルバイジャンの、五つのトゥラン独立国家が誕生することになった。このことはロシア連邦内にとどまったタタールスタンには、今後も強い影響を与えつづけるであろう。

今岡さんは、戦後まもない頃、トルコ語の講習会——神田駿河台の明治大学で行われ、私はそれに参加した——などに姿を現して学習者を激励しておられたが、ソ連邦崩壊という世界史の、いなトゥラン諸族の命運にかかわる大事件を見ることなくしてこの世を去られた。

ヨーロッパにおけるもう一つのツラン国家であるフィンランドでも、ツラン圏連帯のたちばから日本の対英米戦に支持を表明した例がある。それは、駐日フィンランド公使館の軍事アタシェであった陸軍大佐アウノ・ア・カイラの名による『汎ツラン主義と大東亜新秩序』と題する、一九四四年の日付をもつ小冊子(一橋大学図書館蔵)で、ここには、「インド・ヨーロッパ諸民族の独善的優越感」に抗し、「古き純ツングース民族出の満洲宗主家を復興して独立満洲帝国を創建」した日本への讃辞がつらねられている。

こうした「ツラン主義思想」は、おそらく、ハンガリー語やトルコ語について深い学識のあった今岡氏によって日本にもたらされた、高度にアカデミックな背景をもつ、ほとんど今岡氏一人で担われた運動であったにちがいなく、敗戦とともに、この「ツラン」ということばそのものも忘れられてしまったのであろう。

トゥランとはなにか

ここでおくればせながら、トゥランとはなにか、トゥランという語の由来を説明しておきたい。トゥランにせよツランにせよ、我が日本の今の一般的辞典類は、『広辞苑』をはじめ記載していない。ところが一九三六年の『大辞典』（平凡社）には、「ツラン語」の項目があって、そこには「トルコ－タタール語の別称」と適切に説明されているから、敗戦をへだて、この八〇年ほどの間に日本人の教養はいちじるしくせばまり、かたよってしまったのである。アメリカと中国とヨーロッパ以外の知識を無用として追い出してしまった、今の日本の荒廃した教養のせいである。

そこで、トゥランについて、私の知識のはんいで簡単に述べておこう。トゥランは、中央アジアのアラル海にそそぐ、南をアムダリア、北をシルダリアを境界とする、両河にはさまれた一帯の平原を呼ぶ古名である。ほぼ今日のカザフスタン、ウズベキスタン両共和国の領土の一部にあたるこの名は一〇世紀頃のペルシャの大詩人、フェルドウスィーの『王書《シャーナーメ》』（岡田恵美子訳　岩波文庫　一九九九）に登場する。その一帯は、印欧語のペルシャ語でもなく、シナ語でもなく、それ以外の言語すなわち、テュルクなど、今でいうアルタイ諸語を話す民族の住んでいた、特別な言語・文化空間であったから、「トゥーラーン」というこのペルシャ語の名づけは、地理と文化とを一体として示すに便利だったのである。

今日、日本語の出版物でこの語を記載しているのは、おそらく『世界民族問題事典』（平凡社　初版一九九五）だけであろう。そこには「トゥラニズム」の項目のもとに、一九一〇年にハンガリーで「トゥラン協会」が結成されたこと、日本には一九三八年に日洪文化協会が設立され、今岡十一郎氏が中心になってトゥラニズムが宣伝されたことが簡明に記されている。執筆者は家田修氏である。

トゥラニズムがはたした役割は、その時期から言えば、戦争犯罪の名を冠せられてもやむをえなかったかもしれないが、残念なことに、そこまでは日本の国民的知識にはなり得なかった。そのおかげでトゥラニズム・トゥラン主義は追及を受けぬままに消え去ってしまったのだと思っていたがそうではなかった。

ロシアに残りつづける「トゥラン」の文化的伝統

ソビエト時代にすら、トゥラン文化は、ロシア語の研究書の中にしばしば現れる名であり、ソビエト崩壊後は、それがいっそうひんぱんになった。私が比較的最近買い求めた研究書に、Б.И.Вайнберг, Этнография Турана в древности, VII в. до н.э. —VIII в.н.э.（ワインベルク『古代トゥランの民族誌　紀元前七世紀から紀元後八世紀まで』）と題する三〇〇ページをこえる大著がある。巻末に付された文献目録の中に、日本人の論文としては白鳥庫吉氏のものが登場する。

またつい最近、二〇〇八年には、『古地図でみるトゥラン民族圏』と題する大判のアトラスが刊行された。

これらの研究や刊行物は、ソ連解体後にロシアに生じた、かつて追放されていたユーラシア主義への強い関心のよみがえりと、相たずさえながら進んできたものと思われる。

考えてみれば「トゥラン」研究は、ソ連という体制が存在したか否かにかかわらず、ロシアの文化や思想的伝統の中に堅固な基盤をもった、ゆるぎない伝統的研究領域である。

日本人の私たちは、ロシアの研究者と関心をともにし得る研究領域をいくつも持っている。その一つであるトゥラン文化の実質的な研究、また思想的遺産の検討は、これからの日ロ関係をひろげ深めるために有益なテーマになるであろう。若い研究者が、この分野に猛然と切りこみをかけることを私は夢見ている。その際、彼あるいは彼女が必要とする装備は、トゥラン諸語とペルシャ語の文献学的訓練である。

日本文化の基軸にかかわる漢字問題

日本語、日本文化における漢字の問題を考える――それも根本的に考えるということは、じつは、日本文化のありかたの基軸を考えなおすことにほかならないのである。

よく、漢字文化が日本を作ってきたと言われるが、そこには、漢字を学ぶことが世界を知ることだ、漢字をたくさん知れば知るほど世界がひろがるという意識があり、それはたしかにそのとおりだ。アルファベート、かな、ハングルという、オトは表わすけれども直接意味は表さない、二〇から四〇ばかりの文字は、それだけでは役に立たず、それをいくつか連ね組みあわせて、はじめて概念（意味）にたどりつけるにすぎない。つまり、オト文字は、まだことばに達せず、それが、ことばに達するには、なおその先に長い道のりがひかえているのだ。

つまり、アルファベート、かな、ハングル文字は、ことばへの入口の、まだ小さな鍵を手にしただけにすぎない。

それに比べて漢字は、一つ一つの文字が、それだけで独立した意味をもっている。漢字さえおぼえれば、それをどう読むのか、読み方、オトすらも必要がない。オトに出して読めない地名、人名、たいせつな根本概念すらもが、読めなくても、見ただけでわかる、というよりも「わかったことにする」という、猛烈な力をもっている。

それは、ことばの基本をこえ、オトをもとびこえて、図（＝記号）がそのまま概念に結びつくから、漢字は超文字であり、たびたびくり返してきたように、それは、ことばを表していない。あえていえば、ことばを必要としない文字なのである。

漢字の利点は、ことばをとびこえているから、字をおぼえれば、それが直接概念にむすびつく。だから中国の学問は、漢字をおぼえ、それを並べて解釈することに終始するという性格をおびる。というのも、漢字ははじめから、概念を与えてしまっているからである。漢字で書かれている言語は、漢字という形ですでに結論が与えられている。だから、漢字があれば語源研究も必要がなくなる。字そのものから語源が現われ出てくるという仕組みになっているからだ。そこで必要なのは、「字源」だけということになる。

そのことから、日本人は、ことばを直接分析することはまれで、字の分析にたより、そこでおわり、さらに前へ進む力という点では弱い。これにはたとえば、白米が玄米にくらべてなぜ栄養価が劣るかといえば、この二つの文字を組みあわせると「粕《カス》」となるように、「米の白いのは、栄養分をとり去ったあとのカスじゃ。そのことはこの文字がはっきりとそれをあらわしているではないか」というような説明で終わり、しかもそれを聞いても怒る人はほとんどいない。こんなのは、きわめて程度の低い俗解だと思われるだろう。しかし、高級な——と書き手は思っているらしい——文章までがこの方式をなぞっている。

身ぢかなところから例を引こう。

朝刊を取りに出たら、夜明け前の路上でウォーキングの人同士が挨拶《あいさつ》を交わしていた。寒の入りは冷え込み、「おはようございます」が白い息になって吐き出される。息という字が、自分の「自」と「心」を組みあわせた形なのにふと気づく。

（朝日新聞　二〇一一・一・七「天声人語」　傍点は田中がつけた）

このコラムの文章は入学試験の問題にも出るから朝日新聞は役に立つとさえ宣伝さ

れているのだが、読んでいてちょっとはずかしい気持ちがする。こんなところで「息」の字源を持ちだしたら、ミイラ取りがミイラになるの轍を踏むことになるのだが、この「息」の上の「自」は自分の自ではなくて、「鼻」という字にのっかっている「自」で、「鼻」をあらわしているのだ。しかし、それはそれでいいとしよう。もっといいかげんなのは「ふと気づく」などといううそっぽい言い方のほうだ。

新聞記事を書く人は、短い時間に仕あげねばならないから、こんなことになってしまうのだろう。「ふと」気がついたことなんだから、熟慮の末ではなくて、ちょっと思いついただけなんですよと、言いのがれをするために「ふと」などと言ってしまったのだろう。漢字をよく知っているおとなだからこそ書ける言い方だ。

このように、漢字は、それだけとりあげていじくりまわしていれば、あることないことといろいろなつくり話やものがたりや、はては「理論」すらもがでっちあげられる。

漢字は結論をあたえた、行きどまりの文字なのに対して、かなやローマ字は、意味にたどりつく前に、まだまだ長いみちのりがある。そのみちのりの中で、ことばについての深い思索や分析が必要とされるのである。

日本人のとくいな、「ことだまのさきはふくに」のことだまとは、漢字ではなく、かなにもどしたときに、はじめて、ことばの根源＝みなもと＝に出会い、たどりつくことができるようになるのである。

このように、漢字はすでに与えられた、「そこで行きどまり」の文字なのに対し、オト文字は「そこからはじまる」という点で、かえって骨の折れる、手ごわい文字なのである。

しかしこの文字は二〇から三〇くらいを知っていればことばのすべてが表記できるので、ひまのない人も、おぼえの悪い人にも、ことばに対して平等に与えられているかぎなのである。そのようなオト文字しかない文化と社会には、書く上でのサベツが起きにくい。何千という文字をおぼえないと、まともな市民生活を送れない漢字社会と比べれば、知識と文化のあり方に、根本的なちがいがあるのだ。

漢字という障害物

作家になる過程の一つとして、この格差が利用されるとするならば、日本の文芸もまたこうした角度から観察の対象になりうるだろう。最近、盲人の読み書き生活を研究しながら、「漢字至上主義」のもとでの「漢字弱者」について論じ、漢字そのものが「障害物」になっていることを論じた論文のあることを知った（あべ・やすし「漢字という障害」ましこ・ひでのり編『ことば／権力／差別――言語からみた情報弱者の解放』）。大変な発見である。漢字弱者は、盲人という生理のレベルにとどまらず、日本語共同体に参加しようとする外国人、学校で学ぶ機会をもたなかった人たちにもあてはまるのである。

日本の言語文化をになう知識人は、自らが漢字格差に依存した言語サベツ者になりたくないならば、自らの信念の基軸をかえなければならない。それは文学のあり方、文化の基軸にもかかわってくるだろう。だとすればそれは一挙にできることではなく、みずからの実践のなかで、たとえささやかなりとも、そのようなきっかけを発見するところからはじまるように思うのである。それが日本語を救う道につながるであろう。

文学という、ときには孤高をかかげる場であっても、それにたずさわる孤高の人はすべての読者を拒否した孤立というものはあり得ない以上、読んでくれる大衆なしには成りたたない領域であるから、漢字弱者は決して無視できる存在ではない。

極めてせまい読者しか持ち得ないこともある自然科学のある領域では、日本語人の読者をまったく予想する必要のないばあいもあるだろう。そのような分野では、早々と漢字を放棄するついでに、日本語そのものをも放棄して英語など、他の言語へ移っている。自然科学の言語が民族語から完全に自立し得るのかどうかは、極めて興味ぶかいテーマであるが、ここではそれにはふれないでおこう。

漢字とオト文字とのこの大きなちがいが、文字以外の文化の全領域にも深くおよび、それをつらぬいていることを見抜いていたのは河上肇《はじめ》である。

西洋人は成るべく簡単な単位に事物を分析しようとする傾向が強いから、すべての音を書き表わすために僅《わずか》にａｂｃ以下の二十六文字を造り出したきりである。彼らは実に此の二十六文字ですべての事を書き表わしている。数千頁の大本でも分析して見ればすべて此の二十六文字に還元することが出来る。(後略)

然《しか》るに吾々の使用している漢字は、全くこれと趣が違う。甚だしく分析の不完全なる文字である。もっともこれは日本人の作った文字ではないが、日本人の作った仮名にしてからが、同じく分析の行届いていないものである。例えば余が姓の河上は四音から成り立っているが、これをば仮名で書けば四音をそのままにカワカミと四文字に書くに反し、羅馬字《ローマ》では各音を母音と子音とに分析して Kawakami と八文字に書くのである。（中略）日本人は非分析的で物を一纏めにし、西洋人は分析的で単位と単位との分界を明確にするの傾向があるということは、［建築、食習慣、衣服、舞踏、音楽などをこえて］かかる点にまで発現されている訳《わけ》である。（『西欧紀行　祖国を顧みて』二二―二三　岩波文庫）

河上の観察は特に目新しいものではなく、二〇世紀はじめの日本の知識人がひとしく抱いていたものであり、特徴があるとすれば、「分析の不完全」性を単に文字の面だけにとどまらせるのではなく、文化の全域をつらぬくものとして見る、一種の構造主義的考察の先駆とも言うべきであろう。

ただ、河上の論には、いくぶん物足りない点がある。それは、こうしたヨーロッパとの文字体系のちがいが、人々の言語生活の上にもまたかげを落としているという視点が欠けていることである。深刻なのは、この文字表記という技術の問題が、市民生活の基本的人権という、社会言語学的な側面にもかかわり、強者と弱者との格差を生み出すからである。

ちょっとはげしい「かな」言語ナショナリスト

以上述べてきたことによって、私は、漢字は、実は根本的に問題をかかえた、困った文字だと訴えたつもりである。その訴え方は、まだ問題の核心を言いつくしていないうらみがある。最近の風潮を見ると、人々は漢字の魅力を宣伝するばかりで、困った面にはあえて目をつむろうとしている。というよりも漢字の数が少ない、もっと増やせといっている人たちは、作家や、それとぐるになっている新聞記者たち、本来文字を使って生活をたてている人たちで、世論形成の場はそういう人たちに独占されている。

それどころか、少しでも漢字の困った面をつつきはじめると、まるで日本語そのものがけなされているようにさえ思われるらしいからである。しかしほんとうに問題なのは、漢字なしではやって行けないところまで落ちてしまった、日本語の状況である。

日本の文化や科学技術が今日のような水準まで到達できたのは、ひとえに漢字のおかげだと説く文化人は多く、それを聞かされる人もそう考えている。それはある程度までそうだとしよう。しかしそのせいで、日本の学問や科学技術は外国からのなぞりに終わってしまったと言える面もある。もう追いかけのなぞりではなく、自らの独自のものをつくり出さねばならない段階になっていると考えるならば、やはり最後にたよるべきはヨーロッパ語でもなく、それを模写（大野晋によれば「濾過」）するために借用した不消化な漢字語でもなく、本来の日本語にたよりたいものだ。

おまえは何を言っているんだ、そんなものあるはずがないよ、あったとしてもヒミコの時代のもので、そんなのはとっくに消しとんでいるぞ——と思う人は、もう日本語でやる学問などはやめた方がいいのである。

私は聞いただけでは意味がわからず、目で見なければわからない文字で書いてあるような、つまり、外国人には想像もできないような文字言語——ではない日本語で書きたい、そういうふうに言うと、私の本の読者は、おまえさんの文章こそ漢字が多いぞと指摘する。そのとおりだ。しかしそのような目で私の文章を批判する人は、私以外の人の文章も、また自分自身が書く文章も批判的に見る見方が獲得されている。このようにして漢字を仕分けるモーターがかかるのが、脱漢字プロセスの第一段階である。

字ではなく、オトことばの中国語を学ぼう

以上のように述べてきたからといって、私は中国語の学習をやめようとか、漢字の研究が無用だとか言っているのではない。それとは全く逆に、自立した日本語をつくるには、中国語と漢字の研究はますます必要になってきている。それはほかでもない、中国語というものを字からだけではなく、ことばそのものとして理解し、さらにその知識を利用して、いい日本語を作るためにである。

私が学生時代にちょっと中国語をやっただけで到達した考え方は、中国語を、ことばとしてほんとうにやるばあいにたいせつなことは、漢字ぬきにやることだということである。私がそのような考えになったのは、そのように考える教師たちの思いが伝わってきたからだと思う。

いな、中国語にかぎらない。日本人が英語のみならず何語をやっても、外国語の上達において決定的に見劣りするのは、ヨーロッパ語などを学ぶときにさえも、まるで漢字・漢文を読むようなぐあいに文字をたどっているだけで、ことばそのもの、つまり、オトとしてのことばはまったくすす通りしているからである。この伝統の日本式、言いかえれば訓読的な外国語学習方式では、いくらやっても身につかないであろう。

ソシュールは、言語記号、たとえば単語を、シニフィアン（能記）とシニフィエ（所記）の二つの面に分けて考え、前者を「聴覚映像」であるとした。すなわち、「ツバメ」というオトを聞いたときに心の中に浮ぶこのオトのイメージのことを指したのである。ところが日本人はオトではなくて、すぐに、それに「燕」という漢字をあてているようなものだといえばいいだろう。言いかえれば漢字は日本人のあたまから聴覚映像を消し去ってしまったのである。こうして、日本語からは本源的な音楽性が抜き去られて行くのである。

　この方式は、何でもかでも、漢字に置きかえて、その漢字をとおして外国語、ひろく言語一般を理解しようという、一貫した態度にもとづいている。たいせつなオトのつらなりの方は「馬耳東風」と聞きながし、どういう文字で書くのだろうかと心をわずらわし、最後は漢字にしないと気がすまなくなっている。こうした心の態度は、漢字で書かれた中国語に対した時に最も強く現われるのは、まさに、この「ことばは文字だ」という考え方にもとづいている。

　しかし考えてみれば中国のふつうの人は、生まれてきてすぐにオトでことばを話している。その時は漢字など知らない。世界中のだれもが文字を抱いて生まれてきたのではないのと同様に漢字をからだに刻み込んで生まれた中国人などはどこにもいないのである。順序は逆で、中国語がオトでしっかり身についてから、そのオトにあとで漢字をあてがうのである。人民中国になる以前、国民の八割くらいは文字、つまり漢字を知らなかったけれども、ちゃんとことばを使って生活していた。それどころか、その人たちこそが革命のにない手だったではないか。だから、ほんとうの民衆のことばを学ぶには、漢字の知識はじゃまになるということになるはずだ。文字は、そのオトがどういう意味かを解釈して、あとからあてがわれたものだ。

だいたいこのような考え方で中国語を教えようとした人として、倉石武四郎という人の名をあげておきたい。私はこの人に会ったことはないが、この人の思想がよく現われているのは、氏の編んだ『岩波中国語辞典』である。

この辞典は、すべての単語をローマ字のアルファベートの順に並べた、ヨーロッパ語のふつうの辞典と同じシステムをとっている。実用的にはピンイン式中国語、つまり、全文ローマ字化された中国語テキストを読むためのものである。別の言い方をすると、文字からではなく、耳で聞いた中国語をオトで引き、さらに必要ならばそこにどんな漢字があてがってあるかを知るための辞書である。字から言語を学ぶ日本人にとっては実用からはずれているかもしれないが、ここには倉石さんの言語観をできるかぎり理想的に実現したいという信念があらわれている。

私がこの辞典から特に利益を得ているのは、そこに付された「意味による索引」であって、古いモンゴル語の小説などに入った中国語をたしかめるときたいへん役にたつ。この索引の「衣服について」、「飲食について」、「住居について」などの項目にあたると、モンゴル語の知識では理解できない中国語の単語の意味が示されている。

モンゴル人は漢字を知らないし使わないから、オトだけで中国語を受けとり、それを日常の中で用いている。この時、オトの中国語で作ったこの辞書は威力を発揮するのである。

人民中国以前、すなわち一九五〇年頃以前の中国では国民の大多数、何億という人たちが、漢字のない中国語を話していたことは、言語学者にはたいへん興味がある。それは、あたりまえのことだが、中国語が漢字なしでも、ことばとして成りたっていたということだ。漢族以外で、中国語——ここではシナ語と言った方がよりぴったりする——を話していたモンゴル人と、文字（漢字）を知らずにシナ語を話していた漢族との間に、ことばの点では、ほとんど何のちがいもなかったのである。

ドゥンガン語——漢字ぬきの中国語

じつは、全く漢字を使わずにシナ語を日常語として使っている民族がいる。かれらはイスラム教徒であって、中国ではこの人たちは「回族《ホイツ》」と呼ばれる。

この人たちは今から一三〇年ほど前、国境をこえて天山山脈のむこうに移住し、中央アジアの国々、キルギスタン、カザフスタン、ウズベキスタンなどにそれぞれ一万人くらいずつ住んでいて、今日、かれらの用いるシナ語はドゥンガン語と呼ばれ、キリール(ロシア文字)で書かれている。この言語を話す人たちは中央アジアではドゥンガン族と呼ばれ、ソビエト時代の一九二八年にラテン文字の正書法が作られたが、四〇年頃にロシア文字に切りかえられた。つまり、簡単に言えば、ロシア文字で書かれた漢語である。

ソビエト時代の最もすぐれた言語学者の一人ポリヴァーノフが、権力の座にあった言語学者マルに追われてキルギスタンに移りすんだとき、かれが最も熱中して研究したのがこの言語、ドゥンガン語である。マルがどういう人だったかは、私の『言語の思想』や、『「スターリン言語学」精読』(岩波現代文庫 二〇〇〇)をみていただきたい。私は、シナ語が漢字なしで機能する実例としてこの言語に関心をもちつづけてきたが、もしかしてポリヴァーノフにも同様な関心が抱かれていたのではないかと思う。おそらくポリヴァーノフの報告に刺激されてであろう、あのトルベツコーイもドゥンガン語に強い関心を寄せていた。

キルギスタンで発行されたドゥンガン語教科書（外交官 井出敬二氏蔵）

ソビエト時代、ドゥンガン語の研究書のみならず辞書も出版された。私は一橋大学で教えていた頃、大学院のゼミナールで、このドゥンガン語を読んでみようと、学生諸君をさそってまき込んだ。

テキストを読むのにたよりになったのは、中国からの留学生、丁伊勇さんだった。中国語を母語とし、言語学にも通じた彼女は、だいたいのところは、このテキストを理解した。つまり、シナ語（中国語）は、漢字ではなくロシア文字で書いてあっても理解できるのであり、中国語もことばである以上、原理的には漢字で書かれなくても、決してふしぎではないのである。

ソ連邦が崩れ去り、キルギスタンが独立国になった今日も、ドゥンガン語の教科書も辞書も出ている。ここにあげたのは、一九九六年に刊行された、小学校一年生のための教科書である。外交官で私の知り合いの井出敬二さんは、キルギスタン出張のおり、私がこの言語に関心のあることを知っておられ、興味ぶかい、ドゥンガン語の出版物をいくつか持ち帰られたのである。（前ページ写真）

思いがけないことだったが、二〇一〇年十月、キルギスタン共和国から三人のドゥンガン語の話し手で研究者が日本にやってくるというできごとがあった。かれらを迎えた朝鮮語学者菅野裕臣氏の呼びかけで、ドゥンガン語の研究集会が東京外国語大学で開かれた。ドゥンガン語学者でもあるムハメ・イマーゾフさんがドゥンガン語で詩を読んでくれた。私はじめてドゥンガン語——つまりロシア文字で書かれた漢語を耳にしたのである。それを聞いた専門家によると、ドゥンガン語は話し手たちの原郷である、中国の陝西、寧夏方言に似ているということだ。

あたりまえのことだが、漢語は、漢字がなくても、あるいはアルファベート文字で書いてあっても通用することがはっきりした。もともと中国の民衆は、漢字を知らずしてコミュニケーションをやっているのだから。そのことは言いかえれば、文字を知らなくても日本人は日本語で話してわかるということと同じ、明々白々たる事実なのである。

そしてこの集まりは、おそらく日本ではじめてドゥンガン語で詩が朗読されたという、歴史的瞬間だったのである。

「漢字文化圏」の外に立つ漢語

中国語を、漢字をたよりに学ぼうという依頼心をたち切って、漢字ぬきオト文字の、ことばそのものとして学ぶ決心をもってたちむかったとき、はじめて漢字ではなく、言語そのものとしての中国語にふれることができるというのが、きっと倉石武四郎という人の思想だったと思う。漢字が日中を結ぶきずなだというのは、真にことばをやらないで、俗物の文化人や政治家の口まねをした、なまけ者の下品なやり方だと思う。だからいまの段階で「漢字文化圏」などと考えなく口にする人たちは、政治家ならともかくも、学問をやる人としては信用できないのである。

私はむしろ言いたい、漢字をとり去ったときのはだかの中国語が真のことばの姿を見せているように、日本が「漢字文化圏」の外に立ったときにはじめて、中国のことがよくわかり、このようにして、にせものでない日中のたがいの理解が生まれ、その上での友好がはじまるのであろうと。

これは、中国周辺の非漢民族が古くからとってきた基本戦術であり、さらにもっと重要で注目すべきは、まさに近代に入って、きっぱりと「漢字文化圏」からの離脱を、ハングルをもって宣言した朝鮮民族の選んだ道である。

では朝鮮民族だけが、漢字支配に対して敏感であり、それにくらべて日本人はいつもドレイ的であったのかといえばそうではない。

私は幸田露伴という人のことを思い出す。この人の作品は、いつも漢字で塗り込められて、とりつく島のないような印象をもっていた。伝記を見ると、七歳にして『孝経』の素読をまなび、十一歳にして『三国志』『水滸伝』などの原典に親しんだという、幼少期から絵にかいたような漢字漬けの人を思い描く。その人に、日本に「文章」が発生した歴史を次のようにふりかえった一節がある。

> 元来文字のなかつたところへ漢字が渡つて来て、その漢字を用ゐて書いたのでありますから、自然かくのごとく「漢字だけ」になるのはわが国文章初期の事情として致し方のないことでありませうが、どうでせう、この有様《ありさま》が続いたならばわが国は文章上においては支那の属邦《ぞくほう》たるを免がれないではありませんか。（『露伴随筆集（下）』一六三　岩波文庫　一九九三　傍点は田中がつけた）

私はある時、中国からの留学生から言われたことがある。「先生、日本はいばってみても、漢字なしでやっていけないのだから文明的には中国の一部じゃないですか」と。

露伴の文章は一九二〇年のものだけれども、一世紀をへた今日、その感覚が中国の若い学徒に共有されていることに、私は日本における漢字問題の永遠性を感じないわけにはいかなかったのである。

しかし残念なことに、日本では漢字の知識こそが、その人が高い教養をもっているということを証明するものとされているから、私のような意見の持ち主は、再び未開とヤバンの道にもどることを求める、文明からの脱落者であるかのように、あわれみのまなざしをもってながめる人が多い。

私と親しくしている人たちの中にも、田中さん、あなたはほんとうにいい人だよ。ただし漢字の悪口さえ言わなければね、と忠告してくれる人が多い。

私だって、漢字を憎むばかりでまるまるきらいというわけではない。しかし、使いはじめたら、もう原理的にはその数を制限することは不可能である。新しい概念が生まれれば新しい文字が必要になる。ましてや、かけがえのない我が子には、その子独特の文字を発明してでも与えようとして、特製文字を作りたくなるほどだ。

しかし、ことばは我が子だけのものではなく公共のものだから、文字も公共のものであり、自分のわがままで人にめいわくをかけてはならないのである。現代中国の漢字とのたたかいは、まさに漢字がその本質として逃れることのできない反公共性とのたたかいである。

日本の作家や文化人が今考えるべきは、古代から現代に至るまで、数かぎりない漢字におぼれ、頼ってきたのは、自分の特権的知識をふりまわしているのが心地よく、また、ほんとうのことばの能力と才能に自信がないからである。

日本の将来を考えるならば、むしろやるべきことは、「漢字文化圏」という牢獄の鎖をたち切って、そこからさっさと脱出し、日本語独自の道をさがすことにこそ力をそそぐべきだ。本家の中国の人たちはもっとさめているのに、日本人だけが中国人以上に漢字の正統性という幻想にしがみつき、漢字を恋しがっている。日本人はいつも外国のまねをして、やっと今日のレベルに達した。そして今、やはりこれからも何かマネをしなければならないとすればむしろ朝鮮人のやったハングル化の道である。言うまでもないことだが、朝鮮のハングルではなくて、日本のハングル＝かな、あるいはローマ字によってである。

このようにしてはじめて、二千年にわたって続いてきた中国への心理的従属、依存を断ち切る道があらわれるだろう。

幼い時からおそるべき大量の漢籍を読み育ったという岡田英弘は、中国語における、ことばと文字との関係について、「中国は文字の世界であって、言語のない世界です」と述べたことはすでに紹介したが、さらに次のように、漢字が人々におよぼす政治的な心性にまで影響を与えていることを指摘している。

中国は、まだ漢字を使っている。漢字を使うかぎり、絶対多数の中国人が、自分でものを考えることはありえない。外国人に意見を問われれば、そのときどきの政府の宣伝を、鸚鵡《おうむ》返《がえ》しにくりかえすだけに決まっている。（『だれが中国をつくったか』三五）

岡田さんは、私とはかなりちがった趣味の持ち主であり、独特の仕方で過激な発言をされる方で、私もとまどうことが多いから、読者はさらにずっと多くとまどいを感じられるかもしれないが、この発言はいろいろと考える手がかりを与えている。

ここで私は、岡田さんの考えを、もう少しやわらげた形で表現した人として、一九六〇年代のボン大学で、ヴァイスゲルバーとともに言語学を教えていたヘルムート・

ギッパーさんのことを思い出す。一般にヨーロッパ人は、ライプニッツ、フンボルト、A・レミュザのように、漢字と漢文の普遍的性格に畏敬の念をもって接してきたのに、ギッパーさんは、中国における言語と文字との大きなずれを指摘し、そのことによって、中国に近代（西欧的）民主主義が成立しがたいことを述べた論文がある。(Die Frage nach der Eignung einzelner Sprachen für logisches Denken in der Diskussion über das Chinesische, 1959)

仮に訳してみると、「中国語についての議論の中で浮かびあがってきたことなんだが、それぞれの言語が論理的思考に適しているかどうかという問い」といったような意味の興味ぶかい問題を問うた論文である。中国語学者にはとにかく読んでほしい。

私は大学院のゼミナールで丁伊勇さんとこの論文をいっしょに読むはずだった。しかし、彼女は私の手続きの不手際のせいで、奨学金が続かず、生活のために仕事に出てしまい、私も定年をむかえて大学を去ってしまった。ギッパーさんのこの論文が提起した問題すなわち言語のあり方と政治との関係は、否定するにせよ肯定するにせよ、勇気をもって挑戦してみる価値がありそうだ。言語の研究においては、多くのことが中途はんぱでやり残されたままであり、そのことを考えると、いま私も、このような本を書くのは早すぎたのではないかとさえ思うのであるが、心ある若い人たちにさらに続けて考えてほしいテーマとして、ここに書き残しておきたい。

「脱漢入亜」をめざして

この章で述べたユーラシア主義、トゥラン主義などの思想的遺産を回顧していると、おのずと、明治のはじめに福沢諭吉が説いたという「脱亜入欧」というかけ声が思い出される。その意味は、急速に発展する西欧文明に日本が追いついて行くためには、亜細亜（アジア）の中国だの朝鮮だのとはつきあってはいられない。さっさと「亜細亜を脱して欧羅巴《ヨーロッパ》に入ろう」という考え方である。

今私は、このことばを「脱漢入亜」と言いかえて利用したい。そのこころは、漢字・漢文に絶対的権威を認めてひれふすどれい根性を捨てさって、非漢アジアの言語文化に学び、それと連帯しようということである。この「入亜」の「亜」はユーラシア文化世界、またの名、トゥラン世界のことを指している。トゥラニズムがめざしたのは、西欧文明、トルベツコーイの言う、「ロマン・ゲルマン世界」からも、また漢文化からも自立した文化世界を自覚する文化運動である。

漢字・漢文が支配するまえの日本は、スカンジナビアのサーミ（ラップ）を西端とし、アイヌや日本を東端とする巨大なユーラシア文化帯の一部をなしていた。ところが、聖徳太子だの弘法大師だのの漢字秀才が現われて、日本を漢化してしまった。こうして日本人はひたすら漢文化に同化することに将来の運命をゆだねたのだ。それ以前は、漢字を知らないアマテラスやアメノウズメやヒミコの時代であり、その時代の記憶をしっかりととどめているのが、ほかでもない、私たちの日本語である。この日本語の可能性をよみがえらせることが、私たち日本語人の可能性を保障するのである。

あとがき

安本美典さんという人の予測によれば、次の世紀、すなわち二二世紀中には、日本語の中から漢字がなくなるだろうという。この予測はかなり確信に満ちたもので、二一九一年という、はっきりとした数字すらあげられている。その根拠は一九〇〇年から一九五五年までの、一〇〇人の代表的作家の小説における漢字の減少傾向から、推計学的に未来を予測した結果にもとづくという。この研究のくわしい内容については、野村雅昭さんの『漢字の未来　新版』(三元社　二〇〇八) にゆずる。

そうだとすれば、もうあと、わずか一八〇年もすれば、ほっておいても日本語から漢字はなくなるのだから、わざわざこんな本を書く必要はない。安本さんの予言に私は勇気づけられもするが、といって、そうですか、それはいいですねと言ってすませる気持にもなれない。

まず、ことばもその重要な一部をなす人間現象は、まるで自然現象のように一定の速度で変わるものではなくて、そこには人間の意志や願望が強くはたらくからだ。私の言語観からすれば、ことばの歴史は人間の歴史にほかならないのだから、ことばが人間をおいてきぼりにして、さっさと変わってしまうなんてあり得ないことだ。

げんに今、日本語が国際的な言語状況からみれば、漢字を維持しつづけるのはかなり無理になっているにもかかわらず、「漢字が足りない」、「漢字を使う自由を制限するな」などのかけごえが力を得るばかりで、ついには、漢字は書けなくても読めるだけでいいんだという言いわけによって、自分の手では書けない漢字が、学校や公的生活の中で増えつづけている。

本書の中で見たように、日本語の歴史をみれば日本語における漢字の増殖をうれう人たちは決してすくなくなかっただけでなく、日本語をかなやローマ字だけで表記しようという試みにはすでに長い歴史があり、この経験は今もなおいくつかの団体になわれて、何種類かの定期刊行物に研究論文が発表され続けさえしている。

それらの研究論文は、たいへん綿密に、また周到に書かれてはいるが、といって、それによって人々が動かされ、やはり漢字はやめなければならないんだと説得されて、そのような方向にむかって進んだわけでもない。

なぜだろうか。ある言語を、どのような文字でどう表現するかということは、技術的な問題として考えられやすいけれども、世界の言語が経験した多くの例からみると、文字の問題は、はるかに技術をこえて、政治的で本質的にイデオロギーにかかわる問題であることが明らかになってくる。だから言語学者と言われる人たちも、こうした問題に頭をつっこんで足をすくわれることをおそれるから、問題が存在すること自体を認めたくないのである。言語学を担当する教師たちも弟子がうっかり学問の道をふみはずし、そのような「誤った道」に踏み込まないよう見張ってきたふしがある。

また、文字は人々の日常の慣習に深く根をおろしているから、文筆で地位を得ている人たちは、その足元をゆるがすような批判を加えるようなことは許しがたいから、文字を改革しようなどというあらゆる試みは不快であるだけでなく強く嫌悪し、敵視する。そして、このような本を書く私も、そのような文筆の徒の一人としてふるまわなければならないという深い矛盾をかかえている。こうした根本的矛盾をかかえながらも、最後まで果敢にたたかった、梅棹忠夫さんのようないたましい例も私のすぐ身近にある。

梅棹さんのような素朴で明快で単純な果敢さを、私はそのまま引きうけて実行するわけにはいかないが、その精神を私のことばに翻訳して次のような二つのスローガン＝こころえとしてかかげ、読者の共感を得たいのである。

一、漢字をたくさん使って書かれた文章は、そうでないものよりもりっぱで価値が高いという考えを捨てよう！　漢字の多さは、むしろ書き手のことばの力のまずしさを示しているのだと思おう！

二、もっと問題なのはその人の国語力のみならず、漢字を使っていばる人は、自分の言っていることをごまかし野心をかくそうという、はしたない考えの持ち主であるから、国語力だけでなく、徳性においても劣っているのだと思うことにしよう！

……とこう言っても、私じしんが今のところ漢字をきっぱりやめることはできないが、心がければ、時間はかかっても、目標に近づいて行けるだろう。

漢字をへらせば、それだけ日本語の工夫がいる。それも並々ならぬもので手間がかかる。そうすると、ことばそのものをよく考えなければならなくなるから、あんなに分厚い本を、そう簡単に何冊も書くことは、むつかしくなるだろう。日本語のこの先にひかえているのは、長い道のりだが、もともと一つの民族が、自立したことばを作るには何百年もの長い歴史のあゆみが必要であり、事実そのようにしてきたのである。近代のことばがいつの間にか無意識の結果うまれたと思いこんでいる人は、まちがった思想を吹き込まれた人であることは、それぞれの民族語の歴史が明らかにしている。

　さきに述べたように文字についての価値観の基軸をかえるには、意識＝気もちの切りかえという、一種の意識革命が必要である。こういうきりかえさえすれば、日本語そのものが、いきいきとよみがえってくるだろう。技術の前に、意識＝気もちの革命が必要なのだ。


　角川ＳＳＣ新書の内田朋恵さんから、日本語について一冊の本を書いてほしいと相談をうけてから三年もたってしまった。私はこれまでもいろいろことばについて書いてきたけれども、日本語にかぎって書くのははじめてだし、それにもう若くはないのだから、これが最後になると思っている。だから、いいかげんなおもしろ話で終わらせたくはない、という覚悟でのぞんだのがこの本である。

　ほぼできあがった手がきの原稿を渡したとき、内田さんはたぶん期待にはずれた内容なのでびっくりされたようだと私には見えた。世の風潮からすれば、漢字はすばらしい。漢字をびっしりちりばめて、かざりたてた日本語は何て教養ゆたかで美しいんだろう、というような本でなければ読者が買ってくれず、したがって出版事業の利益にならないから、私の書いた本はまったく常識はずれだったかもしれない。

私はそういう世間の風潮をよく知っているから、あえて言い争いなどするつもりはなく、もし、こんな本は出せませんよと言われたら、他の出版社をさがすつもりでいた。ところが内田さんは、私の読みにくい手がきの原稿を根気よくパソコンで清書し、私がさらに推敲できるように準備されたのである。社内ではきっと議論があったと想像するが、私がそういうことを気にしたとてどうにもならないのだからあえておたずねしなかった。

ただ指摘をうけたのは、この本の私の文章は、同じことばが時に漢字だったりひらがなだったり、不統一なのは校正にまかせますかということだった。本職の校正者から見れば、私の文字づかいはなってないはずだ。読者の中には、私が本を書くたびに、中味にはまったく関心がなく、誤植だのそんなことを見つけるために、本を買っているような人もいるくらいだから、出版社はたいへんそのことには気をつかっているだろう。

校正者はひたすら統一につとめるため、このことで日本の出版界はずい分のエネルギーを無駄につかっている。私はあえて統一せず、私の気ままにまかせていただけませんかとお願いした。この点でも非常識な著者としてごめいわくをかけたと思う。日本のもの書きたちは、ふたことめには、文字の自由を主張し、いっさいの漢字の制限をとりはずせとまで主張している。それが、はやりの、多様性をまもるという正義にそっているのだと言いたげだ。とすると、私もその多様性に便乗して悪いはずはない。漢字でかくか、かなで書くかは、その時々の気分を反映している。――こんなわがままな言い分を、校正者はよく許してくれたものだと感謝している。

　本書の最初の校正刷りが出た直後、東北、関東の大災害が起きた。このような大災害は、当然ひとびとのこころにも深い影響を与えないではおかない。私もまた、いたたまれない気持から日々、ウォートカを飲んだり、歌ったり、大声でさけんだりという、興奮状態が続いた。しばらくそんな状態が続いたあと、心をしずめてもう一度校正刷りを読んでみた。そして、私の書いたことは、この災害にも耐え、いまこそ日本語世界におくる価値があると、いっそうの確信を持つにいたったのである。一人でも多くの人に読んでいただきたいと、私ははずかしがらずにいま言わなければならない。

　この大災害は、日本が、いままでの日本人の生きかたを根本的に点検しなければならないことを教えた。それと同時に、日本語もこのままではいけない。そのありかたを、日本語によってつくられた知の世界とともに、根本からたてなおし《ペレストロイカ》しなければならないという確信をますます強くしたのである。

二〇一一年三月二五日　　国立

参考文献

以下の文献等を参考にさせていただきました。

■飯嶋一泰編著『ドイツ語辞書の歴史と現在』（日本独文学会／2005年）
■石光真人編著『ある明治人の記録――会津人柴五郎の遺書』（中公新書／1971年）
■岡田英弘著『だれが中国をつくったか――負け惜しみの歴史観』（PHP新書／2005年）
■亀井孝共編著『日本語の歴史』全7巻（平凡社／1963・1964年）
■倉石武四郎著『漢字の運命』（岩波新書／1952年）
■幸田露伴著『露伴随筆集（下）』（岩波文庫／1993年）
■シャルル・バイイ著『一般言語学とフランス言語学』（岩波書店／1970年）
■高杉一郎著『あたたかい人』（みすず書房／2009年）
■田中克彦著「カランダーシ：借用の構造」金子幸彦編著『ロシアの思想と文学――その伝統と変革の道』（恒文社／1977年）
■田中克彦著『ことばと国家』（岩波新書／1981年）
■田中克彦著『エスペラント――異端の言語』（岩波新書／2007年）
■田中克彦著『差別語からはいる言語学入門』（明石書店／2001年、ちくま学芸文庫／2012年）
■藤堂明保著『漢字の過去と未来』（岩波新書／1982年）
■徳永康元著『片目考――徳永康元言語学論集』（汲古書院／2010年）
■野村雅昭著『漢字の未来　新版』（三元社／2008年）
■橋本進吉著『古代国語の音韻に就いて』（岩波文庫／1980年）
■浜田ゆみ著「中国の言語戦略――エスペラント時代から孔子学院まで」湯山トミ子編著『帝国の時

代の言語とアイデンティティ報告書』（三恵社／２０１１年）
■飛田良文、惣郷正明編著『明治のことば辞典』（東京堂出版／１９８６年）
■費孝通編著『中華民族の多元一体構造』（風響社／２００８年）
■平井昌夫著『国語国字問題の歴史』（三元社／１９９８年）
■ましこ・ひでのり編著『ことば／権力／差別——言語権からみた情報弱者の解放』（三元社／２００６年）
■丸谷才一著『日本語のために』（新潮社／１９７４年）
■柳田國男著『定本　柳田國男集　第19巻』（筑摩書房／１９６３年）
■ユディット・ヒダシ著「ヨーロッパにおける日本語教育と漢字・漢語」『国文学　解釈と鑑賞』（２０１１年1月）
■エルンスト・ライズィ著『意味と構造』（講談社学術文庫／１９９４年）
■劉正埮、高名凱、麦永乾、史有為編著『漢語外来詞詞典』（上海辞書出版社／１９８４年）
■Fokos-Fuchs, Rolle der Syntax in der Frage nach Sprachverwandtschaft, Wiesbaden 1962
■Jakobson, R., Kindersprache, Aphasie und allgemeine Lautgesetze, Suhrkamp Verlag 1972
■Mauthner, F., Beiträge zu einer Kritik der Sprache II, Leipzig 1923
■Трубецкой, Н.Наследие Чингисхана, Москва 1999

ここには、もとの角川ＳＳＣ新書版にはなかった、なだいなださんの一文をかかげることにした。なださんは本書が発売されると、すぐにそれを読んでこれを書かれたらしい。

漢字が困った文字だと私がいえば、かならず、いや、こんな味のあるすぐれた文字はない。漢字がなければ、とうてい日本語はもたないといったような反論が多いなかで、このような率直な賛同の意見に出あったことで、私が大変心強く感じたことは言うまでもない。

本書が講談社学術文庫に入るにあたって、読者には、あわせて、ぜひとも、なだいなださんのこの一文を楽しんでいただきたいと思い、ここに収めることにした。

なださんは、これをお書きになってまもなく、千の風になって去って行かれた。すでに深刻になださんのからだを侵していたらしい病魔を知りながら、このようなユーモアにあふれたメッセージを送られたなださんを、私はほんとうにうらやましく思い、その思い出を、本書を手にする読者のみなさんと分かちあいたく、あえてここにかかげさせていただいた次第である。

日本語を考えよう

なだいなだ

田中克彦著『漢字が日本語をほろぼす』を読んだ。それも一気に読んだ。読み始めたら途中で止まらなくなった。食事の時もちらちらと目をやって、かみさんに叱られた。便所には、もちろん持って入った。読みながら笑っても、そこなら、かみさんに、なぜ笑っているのか、詮索されないですむ。これほど知的冒険心を刺激された本に、出会ったのも久しぶりだ。表題がいささか過激な感じがしたが、それも最初のうちだけで、日本語とはなにか、言語とはなにか、を考えているうちに、まさにそうだと納得してしまった。

日本語には同音異義語がたくさんあるが、それは漢字で表記してしまったために、発音の違いが忘れられて起こった。橋と端と箸は確かに、ぼくの子供時代には、まだ別々に発音され、発音だけで、それぞれを聞き分けることができたのだ。今では、音で区別できる人はほとんどいない。たしかに、漢字表記が日本語をほろぼしている。

この著者は、すごくいきのいい文章を書く。そうだ、そうだ、と頷いているうちに、読んでいるこちらまでがだんだん躁になってくる。かれは、義務教育の漢文の教材を増やし日本人に「《簡黙雄勁》な論説文を読ませろ」という丸谷才一に、勇ましくタンカを切る。

《困ったことに、「カンモクユーケー」（たぶんこのように読んでいいのだろう）などと漢字を四つつらねていい気持になっている——ほんとうは、うまい、ぴったりした日本語が見つからなかったから、漢字に逃げただけのことだと思うのだが、——このようなもの書きは、外国人に日本語を教えた経験もなく、この「カンモクユーケー」を漢字で書かねばならないことが日本語を世界に広げる上でどんなにじゃまになっているか、本気で考えたことがあるとは思えない。こういう人が、外国人ながら日本で看護師・介護士になろうという感心な人たちを、「褥瘡《じょくそう》」だの「誤嚥《ごえん》」だのという漢字が読み書きできないからといって、国家試験で追っ払っているのだ》（出典どおり）

最近のワープロソフトは賢くなって、たいていの言葉を漢字に変換してくれるが、カンモクユーケーはだめだ。日本人の医者だって、国家試験を通って五年もすれば、「褥瘡」を字引なしには書けない。誤嚥も同じだ。褥瘡はトコズレといえば間違いなく理解される。ジョクソーといっても、看護の世界の人間以外は理解できないだろう。患者自身だって、ジョクソーといわれても、自分に何ができたのか分かるまい。

本人が医者に訴えるときは、「先生、トコズレができて痛い。何とかしてください」だろう。

ぼくも臨床では、できるだけ医者言葉を使わず、分かりやすい言葉で話すことを心掛けてきた。だから、患者に対しても、医者に対しても、「嗜癖」などという言葉は口にしたことがない。ま、そういう点で、かれと共通する部分があるのかもしれない。ともかく、いわれることが、ひとつひとつ胸に刺さってくる。

少し都合の悪いことも思い出した。そのぼくも、昔、難しい医学用語の漢字が読めない人を、からかって傷つけたことがあった。一時期、外資系の製薬会社の日本支社でアルバイトをしていたことがある。訳された薬のパンフレットに目を通し、間違いをチェックするのが、仕事だった。出勤すると、ゲラに目を通した。大学の仏文を出た、女性社員がいて、彼女はぼくの直接の部下だった。ある日、

「先生、ナンコウブタって何のことですか」と聞かれた。口でいわれても、一瞬、何のことかわからない。字を見せろと彼女の持っている紙に目を注いだ。そして、彼女の指差した漢字を見たのだ。「軟口蓋」とあった。

「君ねえ、この漢字は《ナンコウガイ》と読むの。《ナンコウブタ》じゃないの。分かった？　ナンコウブタというから、どんな豚の話だろう、と思ったじゃないか。こ

れはね、ほら、鏡の前で口を開けてのぞくと、ノドチンコが見えるだろう。チンコは口にしにくいか。ゴメン、それを含めて柔らかい部分全体を軟口蓋と呼ぶの」。返事が一瞬ないので見上げると、顔中、耳まで真っ赤になった彼女がいた。今考えれば、「大学を出て、ナンコウガイも読めないの？」と相手をバカにした態度だったかもしれない。とにかく彼女を痛く恥じ入らせ、傷つけた。しかも、そこをやめたあと、街で彼女にばったり会うと、「やあ、しばらく。ナンコウブタの姫」などといって、彼女をうんざりさせた。ちょっとばかりややこしい漢字の読み方を知っているだけで、それを教養の差と錯覚していた自分。ま、ぼくも田中克彦のいう鼻持ちならぬ漢字文化人の一人だったわけだ。気が付くのが少し遅かった。でも、まだ気が付かない人たちよりはいい。

国などとつながる日本人ではなく、日本語でつながる日本語人という新しいアイデンティティを、かれのおかげで、持てた。

（作家・精神科医）

（出典『ちくま』第四八六号　二〇一一年九月）

ま行

や行

ら行

わ行

た行

な行

は行

人名索引

あ行

か行

さ行

本書の原本は二〇一一年に角川マーケティングから
『漢字が日本語をほろぼす』として刊行されました。

田中克彦（たなか　かつひこ）

1934年兵庫県生まれ。東京外国語大学モンゴル語学科卒業，一橋大学大学院社会学研究科修了。一橋大学名誉教授。専門は社会言語学とモンゴル学。言語学をことばと国家と民族の関係から総合的に研究。著書に『ことばと国家』『エスペラント――異端の言語』『ノモンハン戦争――モンゴルと満洲国』『シベリアに独立を！』（以上，岩波書店），『田中克彦自伝』（平凡社）など多数。

講談社学術文庫

定価はカバーに表示してあります。

言語《げんご》学者《がくしゃ》が語《かた》る漢字《かんじ》文明論《ぶんめいろん》

田中《たなか》克彦《かつひこ》

2017年８月９日　第１刷発行

発行者　鈴木　哲
発行所　株式会社講談社
東京都文京区音羽 2-12-21 〒112-8001
電話　編集（03）5395-3512
販売（03）5395-4415
業務（03）5395-3615
装　幀　蟹江征治
印　刷　株式会社廣済堂
製　本　株式会社国宝社
本文データ制作　講談社デジタル製作

© Katsuhiko Tanaka　2017　Printed in Japan

落丁本・乱丁本は，購入書店名を明記のうえ，小社業務宛にお送りください。送料小社負担にてお取替えします。なお，この本についてのお問い合わせは「学術文庫」宛にお願いいたします。
本書のコピー，スキャン，デジタル化等の無断複製は著作権法上での例外を除き禁じられています。本書を代行業者等の第三者に依頼してスキャンやデジタル化することはたとえ個人や家庭内の利用でも著作権法違反です。Ⓡ〈日本複製権センター委託出版物〉

ISBN978-4-06-292445-0

「講談社学術文庫」の刊行に当たって

これは、学術をポケットに入れることをモットーとして生まれた文庫である。学術は少年の心を養い、成年の心を満たす。その学術がポケットにはいる形で、万人のものになることは、生涯教育をうたう現代の理想である。

こうした考え方は、学術を巨大な城のように見る世間の常識に反するかもしれない。また、一部の人たちからは、学術の権威をおとすものと非難されるかもしれない。しかし、それはいずれも学術の新しい在り方を解しないものといわざるをえない。

学術は、まず魔術への挑戦から始まった。やがて、いわゆる常識をつぎつぎに改めていった。学術の権威は、幾百年、幾千年にわたる、苦しい戦いの成果である。こうしてきずきあげられた城が、一見して近づきがたいものにうつるのは、そのためである。しかし、学術の権威を、その形の上だけで判断してはならない。その生成のあとをかえりみれば、その根は常に人々の生活の中にあった。学術が大きな力たりうるのはそのためであって、生活をはなれた学術は、どこにもない。

開かれた社会といわれる現代にとって、これはまったく自明である。生活と学術との間に、もし距離があるとすれば、何をおいてもこれを埋めねばならない。もしこの距離が形の上の迷信からきているとすれば、その迷信をうち破らねばならぬ。

学術文庫は、内外の迷信を打破し、学術のために新しい天地をひらく意図をもって生まれた。文庫という小さい形と、学術という壮大な城とが、完全に両立するためには、なおいくらかの時を必要とするであろう。しかし、学術をポケットにした社会が、人間の生活にとってより豊かな社会であることは、たしかである。そうした社会の実現のために、文庫の世界に新しいジャンルを加えることができれば幸いである。

一九七六年六月

野間省一

三浦つとむ著（解説・吉本隆明）

日本語はどういう言語か

さまざまな言語理論への根底的な批判を通して生まれた本書は、第一部で言語の一般理論を、第二部で膠着語とよばれる日本語の特徴と構造を明快かつ懇切に論じたものである。日本語を知るための必読の書。

43

沢田允茂《のぶしげ》著（解説・林　四郎）

考え方の論理

日常の生活の中で、ものの考え方やことばの使い方は非常に重要なことである。本書は、これらの正しい方法をわかりやすく説いた論理学の恰好の入門書であり、毎日出版文化賞を受けた名著でもある。

45

澤田昭夫著

論文の書き方

論文を書くためには、ものごとを論理的にとらえて、それを正確に、説得力ある言葉で表現することが必要である。論文が書けずに悩む人々のために、自らの体験を踏まえてその方法を具体的に説いた力作。

153

諸橋轍次《もろはしてつじ》著

中国古典名言事典

人生の指針また座右の書として画期的な事典。漢学の碩学が八年の歳月をかけ、中国の代表的古典から四千八百余の名言を精選し、簡潔でわかりやすい解説を付したもの。一巻本として学術文庫に収録する。

397

藤原　宏・氷田光風編

文字の書き方

毛筆と硬筆による美しい文字の書き方の基本が身につく。用具の選び方や姿勢に始まり、筆づかいから字形まで、日常使用の基本文字についてきめ細かに実例指導をほどこし、自由自在な応用が可能である。

436

澤田昭夫著

論文のレトリック　わかりやすいまとめ方

本書は、論文を書くことはレトリックの問題であるという視点から、構造的な論文構成の戦略論と、でき上るまでのプロセスをレトリックとして重視しつつ論文の具体的なまとめ方を教示した書き下ろし。

604

《講談社学術文庫　既刊より》

ことば・考える・書く　辞典・事典

日本の文章
外山滋比古《とやましげひこ》著（解説・富岡多恵子）

日本語の根源的問題を扱った画期的文章論。英文学・英語教育に精通する著者が、外国語と日本語の文章を対等に比較・客観視して日本語のあるべき真の姿を解明。学者的直観と先見に溢れた好著である。

648

大阪ことば事典
牧村史陽《しよう》編

最も大阪的な言葉六千四百語を網羅し、アクセント、語源、豊富な用例を示すとともに、言葉の微妙なニュアンスまで詳しく解説した定評ある事典。巻末に項目検出索引、大阪のしゃれことば一覧を付した。

658

ドイツ語とドイツ人気質
小塩《おしお》　節《たかし》著

ドイツ語に深い愛を寄せつつ率直かつ平明にその特徴を解析し、頑強・明快・重厚なドイツ精神を浮き彫りにする。日常のドイツ語からドイツ人気質をさぐり、日本とはおよそ異質な文化世界への扉を開ける書。

825

レトリック感覚
佐藤信夫著（解説・佐々木健一）

日本人の言語感覚に不足するユーモアと独創性を豊かにするために、言葉の〈あや〉とも呼ばれるレトリックに新しい光をあてる。日本人の立場で修辞学を再検討して、発見的思考への視点をひらく画期的論考。

1029

レトリック認識
佐藤信夫著（解説・池上嘉彦）

古来、心に残る名文句は、特異な表現である場合が多い。黙説、転喩、逆説、反語、暗示など、言葉のあやの多彩な領域を具体例によって検討し、独創的な思考のための言語メカニズムの可能性を探る注目の書。

1043

言語・思考・現実
B・L・ウォーフ著／池上嘉彦訳

言葉の違いは物の見方そのものに影響することを実証し、現代の文化記号論を唱導したウォーフの主要論文を精選。「サピア＝ウォーフの仮説」として知られる言語と文化について鋭い問題提起をした先駆的名著。

1073